高文大
Anagarika Govinda
Institute of Buddhist Studies

Edition Habermann

INHALT

INHALT

Vorwort des Herausgebers

Anagarika Govinda lebte die meisten Jahre seines Lebens zurückgezogen, um zu meditieren, zu schreiben und zu malen. Am Tor seines indischen Ashrams bat ein Schild in mehreren Sprachen, man möge umkehren und den Frieden des Lama nicht stören. Unmittelbare Unterweisungen beschränkte er auf wenige langjährige Schüler, von denen er ein großes Maß an Selbstständigkeit forderte. Seine Frau Li Gotami ließ er die Zeiten, in denen er zugänglich war, strikt begrenzen.

In dieser beabsichtigten Abgeschiedenheit widmete Govinda einen großen Teil seiner Zeit anderen Menschen. Dies betrifft nicht nur die an eine weitgehend anonyme Leserschaft gerichteten Veröffentlichungen. Auch persönliche Kontakte pflegte Govinda, seit seinen Jugendtagen ein unermüdlicher Korrespondent, auf schriftlichem Weg. Tausende im Nachlass erhaltene Seiten belegen, wie er an durchschnittlichen Tagen mehrere Stunden mit dem Verfassen von Briefen an Schüler, Freunde und Leser zubrachte, von denen er in der Regel Abschriften oder Durchschläge aufbewahrte.

Neben Schreiben an Menschen, mit denen er über Jahre und Jahrzehnte Verbindungen pflegte, stehen solche an Ratsuchende aus aller Welt, denen er geduldig Auskunft gab. Erst als seit den späten 1960er Jahren durch die Wirkungen des internationalen Bestsellers *Der Weg der weißen Wolken* die Masse Fragender seine Kapazitäten zum Antworten weit überschritt, reagierte er zunehmend mit einem Vordruck, in dem er bedauerte, nicht mehr individuell zurückschreiben zu können.

Bis zu seinem oder deren Tod blieb Govinda Briefpartnern verbunden, mit denen er in persönlichem Austausch stand. Erst ein geringer Teil der Korrespondenzen wurde untersucht oder publiziert, so Govindas Verhältnis zu Jean Gebser (1905-1973)[1] und zu dem deutschen buddhistischen Mönch Nyanaponika (Siegmund Feniger, 1901-1994).[2]

Unter den noch unerforschten Beziehungen war jene zur Schriftstellerin Luise Rinser. Benedikt M. Trappen, der schon Rinsers Verbindung zu Ernst Jünger[3] untersuchte, schließt im vorliegenden Band mit seiner Analyse „Sie wissen doch alles selber" diese Lücke. Bislang nahm sich weder die Literatur zu Luise Rinser noch jene zu Govinda des Themas an. Das ist einerseits verständlich, denn die Begegnung macht in den an Kontakten reichen Biografien beider Persönlichkeiten jeweils nur eine Facette aus. Andererseits erlauben auch Facetten oft wertvolle Aufschlüsse, und Rinser wie Govinda maßen ihrer Begegnung offenbar eine Bedeutung bei.

So schrieb Luise Rinser, sie habe in Govinda „einen geistesmächtigen Freund gefunden, der mich aus der Ferne leise lenkt [...] ich fühle, daß er jeden meiner stummen Anrufe aufnimmt und stumm beantwortet.

1 Rudolf Hämmerli: „Jean Gebser und Lama Anagarika Govinda. Eine Freundschaft." In: *Der Kreis* 279/280 (November 2018), S. 4 – 12.

2 Lama Anagarika Govinda und Mahathera Nyanaponika: *Briefe einer Freundschaft*. München 1997. Die Zusammenstellung dieses Bandes nahm Miervaldis Millers vor.

3 Benedikt Maria Trappen: „Wem sonst als Ihnen?" In: Luise Rinser, Ernst Jünger: *Briefwechsel 1939 – 1944*. Augsburg 2015.

Er hat mir viel Gutes getan: er hat mich über die harte, hohe Ich-Schwelle getragen." Govinda seinerseits teilte Luise Rinser mit, „daß ich Ihnen oft nahe bin und daß ich unsere Begegnung als mehr als einen bloßen Zufall halte."[4]

Der Analyse der Beziehung Rinsers zu Govinda durch Benedikt Maria Trappen folgen für das Dargestellte relevante Textdokumente.

Luise Rinser trug 1973 zu dem Band *Wege zur Ganzheit*, einer Festschrift anlässlich Govindas 75. Geburtstag, den Artikel „Lama Govinda als Gast" bei, der einen Aufenthalt des Lama und seiner Frau in Rom behandelt. 1978 reflektierte Rinser dasselbe Ereignis in ihrem Tagebuch *Kriegsspielzeug* als „Besuch aus Tibet". Eine vergleichende Lektüre der beiden hier aufgenommenen Erinnerungstexte macht deutlich, dass in Rinsers spätere Darstellung Motive des inzwischen erfolgten Briefwechsels und weitere Reflexionen einflossen. Ihre Schilderung löst sich damit vom Faktischen und wird zur Dichtung.

Rinser verfährt hier wie Govinda in autobiografischen Texten. Seinem *Weg der weißen Wolken* stellte dieser ein Zitat Tagores voran: „In Tatsachen gekleidet fühlt sich die Wahrheit eingeengt. Im Gewand der Dichtung bewegt sie sich frei."[5] Peter van Ham wertet Govinda entsprechend als Autor, „der sich nicht scheut, seine persönliche Sicht der Dinge in den Mittelpunkt des Berichts zu stellen, der sich bewusst ist über die Subjektivität der Darstellung und diese auch bewusst wählt."[6] Ob ein literarisches Umbilden von Geschehenem und das Auslassen

4 Vgl. S. 54 und S. 61 in diesem Band

5 Lama Anagarika Govinda: *Der Weg der weißen Wolken*. Zürich und Stuttgart 1969, S. 19.

6 Peter van Ham: „Äußere Orte – Inneres Geschehen. Govinda auf dem Weg der weißen Wolken." In: Birgit Zotz (Hg.): *Tibets Sachse. Ernst Hoffmann wird Lama Govinda*. München 2016, S. 73-91, S. 75.

oder Retuschieren biografischer Details zu „spirituell überhöhten Ungereimtheiten"[7] führen oder zur Demut, die den Autor auf „Einsicht in sein inneres Leben"[8] beschränkt, liegt im Auge des Betrachters. Wichtig ist das Gewahrsein, dass Rinser und Govinda im Verständnis, dichtend der Wahrheit des Gewesenen näher zu kommen, zum Stilisieren neigten. Dies lässt den Grad der Faktizität einzelner Angeben offen, etwa bei Rinsers zitierter Ansicht, der Lama lenke sie aus der Ferne.

Der Briefwechsel Rinsers mit Govinda wird gleichfalls in diesem Band dokumentiert, nicht vollständig, aber soweit er sich bislang in Archiven auffinden ließ. Dem folgen Briefe Rinsers an den Verleger Wieland Schmid, der die Festschrift zu Govindas 75. Geburtstag vorbereitete, und an Karl-Heinz Gottmann, Govindas Hauptschüler und Nachfolger in der Leitung des Ordens Ārya Maitreya Maṇḍala.

Abschließend finden sich als „Die Antwort des Buddhismus" Govindas Beiträge zu Gerhard Szczesnys Band *Die Antwort der Religionen* (1964), von denen Rinser in „Lama Govinda als Gast" schrieb, dass diese ihr unter allen Teilen des Bandes „den tiefsten Eindruck machten und die mir so entsprachen, als kämen sie aus mir selbst."

So wirft vorliegender Band nicht nur Licht auf die Begegnung zweier Persönlichkeiten der jüngeren Geistesgeschichte, sondern macht auch eine zu ihrer Zeit stark beachtete Arbeit Govindas wieder zugänglich, die in einem halben Jahrhundert nichts an Aktualität einbüßte.

New Delhi, Februar 2019 — Volker Zotz

7 Van Ham, „Äußere Orte", S. 81.

8 So meint Robert A. F. Thurman: „Introduction." In: Lama Anagarika Govinda: *The Way of the White Clouds*. S. 11-19, hier S. 14

Benedikt Maria Trappen

„Sie wissen doch alles selber“ Luise Rinser und Lama Anagarika Govinda

Vorbemerkung

Die Erhellung der Begegnung zwischen Luise Rinser und Lama Anagarika Govinda stützt sich auf veröffentlichte und unveröffentlichte Dokumente wie Bücher, Briefe, Tagebücher und Kalender sowie auf Auskünfte von Zeitzeugen. Zu letzteren zählen vor allem Volker Zotz, Christoph Rinser[1] und José Sánchez de Murillo. In dessen aufschlussreicher, die Tiefenlogik, epochale Bedeutung und tragische Dimension des Lebens und Werkes erstmals erhellender Biografie Luise Rinsers[2] wird die Begegnung zwischen ihr und Lama Govinda 1972 allerdings nicht erwähnt. Der sich daran anschließende Briefwechsel war Sánchez nicht bekannt.[3] Auch im persönlichen Gespräch des späteren Biografen mit Luise Rinser in den Jahren 1995 bis 2002 war Lama Govinda

1 Christoph Rinser hat darüber hinaus wertvolle Unterstützung geleistet beim Lesen der Handschriften, wofür ich ihm herzlich danke.

2 José Sánchez de Murillo: *Luise Rinser. Ein Leben in Widersprüchen*. Frankfurt 2011.

3 Auskunft vom 4. Januar 2014.

niemals Thema.[4] In seinem Nachwort räumt Sánchez allerdings ein, dass Luise Rinser „auch in den Phasen ihrer christlichen Begeisterung [...] dem Buddhismus Entscheidendes zu entleihen" wusste.[5]

Im Nachlass der Schriftstellerin befinden sich heute von den Büchern Lama Govindas nur *Grundlagen tibetischer Mystik, Der Weg der weißen Wolken* und *Schöpferische Meditation.*[6] Entgegen der Gewohnheit Luise Rinsers ‚mit dem Bleistift zu lesen' (Thomas Mann), weist nach Auskunft von Christoph Rinser nur ihr Exemplar von *Grundlagen tibetischer Mystik* Anstreichungen auf.[7] Nicht vorhanden ist das von Luise Rinser in „Lama Govinda zu Gast", ihrem Beitrag zur Festschrift *Wege zur*

4 Auskunft vom 10. August 2015.

5 Sánchez de Murillo, *Luise Rinser*, S. 420.

6 Lama Anagarika Govinda: *Grundlagen tibetischer Mystik*. Zürich und Stuttgart ^{2}1966; *Der Weg der weißen Wolken. Erlebnisse eines buddhistischen Pilgers in Tibet*. Weilheim (Obb.) ^{2}1973; *Schöpferische Meditation und multidimensionales Bewusstsein*. Freiburg im Breisgau 1977.

7 Die Tatsache, dass das für Luise Rinser lebenslang bedeutsame Thema „Mystik" im Titel erscheint, kann die besondere Anziehungskraft dieses Buches erklären. – Selma Polat hebt in *Luise Rinsers Weg zur mystischen Religiosität* (Münster 2001, S. 76-77) unter Verweis auf ein Interview mit ihr („Wir müssen wieder zu den Mythen zurück." In: Karl-Josef Kuschel: *Weil wir uns auf der Erde nicht ganz zu Hause fühlen. 12 Schriftsteller über Religion und Literatur*. München 1985, S. 28) die Bedeutung Teilhard de Chardins und dessen Perspektive einer schöpferischen Evolution für Luise Rinser hervor, die sich selbst als „Anhängerin Teilhard de Chardins" bezeichnet hätte. Polat zitiert zur Veranschaulichung der Lehre Teilhards ausgerechnet aus Lama Govindas Artikel „Die Weltanschauung Teilhard des Chardins im Spiegel östlichen Denkens." (In: Helmut de Terra (Hrsg.): *Perspektiven Teilhard de Chardins*. München 1966). Die Beziehung Rinsers zu Teilhard wird auch in „Versuch über mich selbst" deutlich, wo sie 1967 schreibt: „Auf die Gefahr hin, gänzlich missverstanden zu werden, sage ich jetzt, dass ich mich mitverantwortlich fühle für die Entwicklung des menschlichen Bewusstseins zum ‚Punkt Omega' hin." (Manuskript, DLA Marbach, Mediennummer HS001334556).

Ganzheit,[8] erwähnte Buch *Meditations-Sutras des Mahayana-Buddhismus,*[9] zu dem Lama Govinda das Vorwort geschrieben hat. Auch das in diesem Beitrag erwähnte Buch *Die Antwort der Religionen*[10] ist nicht vorhanden. Das gilt leider auch für *Wege zur Ganzheit*. Da ein Teil ihrer Bibliothek in Rocca di Papa nach dem Tod Luise Rinsers durch Regenwasser beschädigt und von Christoph Rinser entsorgt wurde,[11] kann zumindest nicht ausgeschlossen werden, dass diese oder weitere Bücher einmal vorhanden waren. Welche Bücher und Texte Luise Rinsers Lama Govinda gelesen hat, lässt sich – bis auf die durch den Briefwechsel belegten Bücher – ebenfalls nicht mehr klären.[12]

Weder im Nachlass Luise Rinsers, noch im Nachlass von Lama Govinda konnten bislang Bilddokumente ihrer persönlichen Begegnung aufgefunden werden. Dies überrascht angesichts der Tatsache, dass Lama Govindas Frau Li Gotami, die auch Fotografin war, derartige Gelegenheiten in aller Regel in Bildern festhielt.

8 Luise Rinser: „Lama Govinda zu Gast." In: *Wege zur Ganzheit. Festschrift zum 75. Geburtstag von Lama Anagarika Govinda* von seinen Freunden und Schülern. Almora 1973, S. 24-27.

9 Raoul von Muralt (Hrsg): *Meditations-Sutras des Mahayana-Buddhismus*. Vorwort von Lama Anagarika Govinda. 2 Bände. Zürich 1956.

10 Gerhard Szczesny: *Die Antwort der Religionen*. München 1964.

11 Mitteilung Christoph Rinsers vom 8. August 2015.

12 Was Bücher Luise Rinsers in Lama Govindas Besitz betrifft, teilte Birgit Zotz am 6. August 2015 mit: „Wir haben leider mit wenigen Ausnahmen, etwa Werke von Gustav Meyrink und Novalis, keine Romanliteratur und Lyrik im Nachlass. Nach Govindas Tod 1985 holten die damaligen Verantwortlichen seines Ordens einen großen Teil seiner philosophischen und buddhistischen Bücher aus Kalifornien nach Europa. Romanliteratur und Lyrik scheint Govinda entweder 1980 nicht mit nach Amerika genommen und in Indien weitergegeben zu haben, oder diese Bücher gehören zu den Materialien, die er zu Lebzeiten einer amerikanischen Institution in San Francisco übergab, die damit leider nicht vereinbarungsgemäß umging, weshalb diese heute für die Forschung verloren scheinen."

Der vorliegende Briefwechsel umfasst fünf Briefe von Lama Govinda an Luise Rinser sowie drei Briefe Luise Rinsers an Lama Govinda.[13] Zusätzlich zu diesem Briefwechsel wurden weitere Schriftstücke berücksichtigt, die mit der Begegnung Rinsers mit Govinda in Zusammenhang stehen: zwei Briefe von Wieland Schmid[14] an Luise Rinser und eine Karte von ihr an diesen sowie ein Brief von Karl-Heinz Gottmann[15] an Luise Rinser und zwei Briefe Rinsers an Gottmann.

In Luise Rinsers persönlichem Kalender finden sich lediglich zwei kurze Eintragungen, am 24. September 1972: „Nachm. nach Rom, Lama Govinda abholen." Am 26. September 1972 heißt es: „Rom, Lama Govinda hineingebracht."

In einem Brief Lama Govindas vom 9. Oktober 1972 an Karl-Heinz Gottmann findet sich folgende kurze Mitteilung über den Aufenthalt: „Wir waren die ersten zwei Tage (durch Vermittlung von Basedow,[16]

13 Mindestens zwei Briefe Luise Rinsers an Lama Govinda, die durch Antwortbriefe bezeugt sind, konnten bislang nicht gefunden werden.

14 Wieland Schmid (1927-2018), damals Kandidat des vom Lama Govinda gegründeten Ordens Ārya Maitreya Maṇḍala, arbeitete als Verleger, Journalist und Schriftsteller. In Stuttgart betrieb er den auf Plakate mit Bibel-Zitaten und evangelische Literatur spezialisierten Verlag Goldene Worte. Dazu war er dpa-Korrespondent. Als vielseitiger Schriftsteller schrieb er Erzählungen wie *Danken für jeden Tag* (Stuttgart 1965) und Sachbücher wie *Yoga für Christen* (Freiburg 1991). Unter dem Pseudonym Howland Smith veröffentlichte er daneben Kriminalromane, z. B. *Neumond über Hammershus* (München 1964) und *Das Ding mit dem Märchen* (Hamburg 1970). (Information von Birgit Zotz).

15 Der Mediziner Karl-Heinz Gottmann (1919-2007) war einer der Hauptschüler Govindas. Er leitete zur Zeit des Entstehens der Festschrift den westeuropäischen Zweig des Ārya Maitreya Maṇḍala und trat 1982 Govindas Nachfolge als weltweites Oberhaupt des Ordens an.

16 Karl-Friedrich Basedow war „Generalsekretär" einer „Forschungsgesellschaft für östliche Weisheit und westliche Wissenschaft e. V.", in der auch Carl Friedrich von Weizsäcker aktiv war. Der Kontakt mit Govinda ist durch Briefe seit 1960 belegt. Aus einem Brief Karl-Friedrich Basedows

der uns in Castiglioncello im Hotel anrief) bei einer deutschen Schriftstellerin Luise Rinser in Rocca di Papa im Albanergebirge zu Gast. Sie holte uns von der Bahn ab und fuhr mit uns in ihrem Auto zwei Tage lang in Rom herum. Wir siedelten dann in ein sehr nettes Hotel um, das sehr zentral in der Nähe der spanischen Treppe gelegen war." Formulierung und Zeichensetzung lassen vermuten, dass Lama Govinda zu diesem Zeitpunkt Leben und Werk Luise Rinsers noch unbekannt waren.

Luise Rinser hat die Begegnung mit Lama Govinda in ihrem Beitrag zur Festschrift anlässlich des 75. Geburtstages von Lama Govinda und in ihrem Tagebuch *Kriegsspielzeug*[17] festgehalten.

Luise Rinser und Lama Anagarika Govinda

Luise Rinser schätze – und liebte – wie man weiß[18] den katholischen Priester und Theologen Karl Rahner in besonderer Weise. Umso erstaunter nimmt man daher zur Kenntnis, was Sie 1973 in ihrem Beitrag zur Festschrift anlässlich des 75. Geburtstages von Lama Govinda über das 1964 erschienene Buch *Die Antwort der Religionen* schreibt:

„Vor fast zehn Jahren las ich das Buch ‚Antwort der Religionen'. Der Initiator und Herausgeber Gerhard Szczesny stellte an je einen Vertreter

vom 24. Dezember 1972 an Lama Govinda geht hervor, dass dieser mit seiner Frau Katharina in die USA flog, wo sie am 7. Dezember gemeinsam mit Luise Rinser in Cape Kennedy den Start von Apollo XVII und am 11.12. in Houston die Mondlandung verfolgten (Mitteilung von Volker Zotz). Siehe auch Sánchez de Murillo, *Luise Rinser*, S. 342.

17 Luise Rinser: *Kriegsspielzeug. Tagebuch 1972 -1978*. Frankfurt am Main 1978.

18 Sánchez de Murillo, *Luise Rinser*, S. 293 ff. und Luise Rinser: *Gratwanderung. Briefe der Freundschaft an Karl Rahner*. München 1994.

der großen Religionen eine Reihe von Fragen. Ich greife einige heraus [...] Was ist die ‚Seele', was bedeutet ‚Unsterblichkeit' des Menschen, worin besteht ‚das Heil' des Menschen [...] ist die Geschichte der Menschheit zugleich eine Geschichte des Fortschritts, enthalten alle Religionen Wahrheit [...] wie verhalten sich Religion und Politik zueinander? [...] Auf diese Fragen antworteten sieben Menschen [...] Für den Katholizismus Karl Rahner [...] und J. B. Metz [...] Für den Buddhismus antwortete Lama Govinda. Ich wußte nicht, wer dieser Govinda ist, aber seine Antworten waren diejenigen, die mir (obwohl ich katholisch bin und mich viele Jahre mit Theologie beschäftigt habe) den tiefsten Eindruck machten und die mir so entsprachen, als kämen sie aus mir selbst."[19]

Die Schriftstellerin, die durch den Komponisten Heinrich Kaminski, den Lehrer ihres ersten Mannes Horst Günther Schnell[20], bereits 1935 auf östliches Denken und das Werk Hermann Hesses aufmerksam geworden war, schreibt weiter:

„Nicht, als wären sie mir inhaltlich ganz neu gewesen – ich lese seit fast 40 Jahren in den Schriften des fernen Ostens. Aber die Art, in der dieser Govinda dachte und schrieb war so klar, so nüchtern und so genau, daß es mich geradezu entzückte [...] Seine Sprache und die ihr zugrundeliegende Denkmethode waren europäisch. Mit dieser Methode kann er uns Europäern schwierigste östliche Inhalte nahebringen, ohne sie unerlaubter Weise zu vereinfachen und ohne tiefe Geheimnisse zu bloßer ‚Lebensphilosophie' zu verdünnen. Ich dachte: Was für eine glückliche Verbindung zwischen östlicher und westlicher Bildung!"

19 Rinser, „Lama Govinda als Gast", S. 24.

20 Kaminski war übrigens auch Lehrer von Luise Rinsers späterem Mann Carl Orff.

Die Begegnung Luise Rinsers mit Lama Govinda geht auf das Jahr 1972 zurück. Karl-Friedrich und Katharina Basedow baten sie, den Lama und seine Frau Li Gotami für wenige Tage in ihrem Haus in Rocca di Papa zu beherbergen. Sie erinnert sich:[21]

„Beide sprachen Englisch, aber ich merkte bald, dass der Lama gut Deutsch verstand, was kein Wunder war, wie ich bald erfuhr [...] Der Lama ist Deutscher."

Luise Rinser, die „nie normalere Gäste aus fremden Ländern gehabt" hat, erlebt die beiden, für die Rom die letzte Station einer zwei Jahre dauernden Reise vor der Rückkehr nach Indien ist, „bescheiden, freundlich, heiter." Zwar hatte sie „nichts Sensationelles erwartet, aber mir doch vorgenommen, einige Fragen zu stellen, meinen geistigen Weg betreffend." Lama Govinda aber sei auf ihre Andeutungen nicht eingegangen und habe lächelnd gesagt: ‚Sie wissen doch alles selber.' Da er es sagte, schien es auch mir so zu sein", führt Luise Rinser ihren Bericht fort.

„Wir sprachen also lieber über Kunst [...] Wenn nun jemand denkt, daß [sic] sei ein spärliches Ergebnis einer Begegnung mit einem Weisen des Ostens, so hat er recht. Aber er hat auch nicht recht. Der Lama sagte mir, er fühle sich wohl in meinem Hause, es habe eine so gute Atmosphäre. Das bedeutet, daß es keiner Sensationen und keiner besonders tiefen Gespräche bedurfte. Es gibt eine Art des Zusammenseins, bei der eben das Zusammensein an sich DIE Begegnung ist."

Die Sorge, vielleicht doch etwas versäumt zu haben, stellt sich erst später ein.[22]

21 Rinser, „Lama Govinda als Gast".

22 Siehe Brief vom 26. Mai 1973.

Ein weiterer bedeutsamer Anlass für den Briefwechsel war Luise Rinsers Beitrag zur Festschrift anlässlich des 75. Geburtstages von Lama Govinda. Die Einladung zur Mitarbeit erfolgte kurzfristig am 27. Dezember 1972 durch Wieland Schmid unter Anknüpfung an den Besuch Lama Govindas im Herbst in Rom und unter Verweis auf bereits vorliegende Zusagen u. a. von Sigrid Strauss-Kloebe[23] und Karlfried Graf Dürckheim.[24] Am 23. Januar 1973 trifft Luise Rinsers Zusage auf einer Postkarte vom 10. Januar bei ihm ein:

„Ich bin bereit etwas für u. über Govinda zu schreiben, wenn ich auch nicht weiss, ob ich etwas Wichtiges zu sagen habe. Ich kann nur Eindrücke wiedergeben, meine ich. Aber vielleicht ist das auch wichtig."

In seinem Antwortschreiben vom selben Tag dankt Schmid der Schriftstellerin, teilt ihr den Titel der Festschrift *Wege zur Ganzheit* mit und gibt den Umfang des erwünschten Beitrages - „zwischen 8 und 12 Schreibmaschinenseiten" - an. Um Bedenken, die Luise Rinser geäußert hat[25], zu zerstreuen, fügt er hinzu:

23 Die von Govinda geschätzte Psychotherapeutin Sigrid Strauss-Kloebe (1896-1987), die eine Fortbildungsanalyse bei Carl Gustav Jung absolviert hatte, veröffentlichte u. a. das Buch *Kosmische Bedingtheit der Psyche. Kosmische Konstellation und seelische Disposition* (Weilheim (Obb.) 1968). In der Festschrift war sie schließlich nicht vertreten. Govinda zitierte ihr Buch *Das kosmo-psychische Bewusstsein* (Olten u. Freiburg i. Br. 1977) in seinem Werk *Die innere Struktur des I Ging* (Freiburg i. Br. 1983).

24 Govinda hatte seinerseits den Artikel „Durchbruch zur Transzendenz" beigetragen zu Maria Hippius (Hrsg.): *Transzendenz als Erfahrung. Beitrag und Widerhall. Festschrift zum 70. Geburtstag von Graf Dürckheim*. Weilheim (Obb.) 1966, S. 260-273.

25 Erhebliche Bedenken gegen die Veröffentlichung ihres Beitrages sprechen später auch aus ihrem Brief an Karl-Heinz Gottmann vom 4. März 1973, nachdem dieser ihr am 24. Februar 1973 mitgeteilt hatte, dass neben Graf Dürckheim auch Jean Gebser zu den Autoren der Festschrift gehört: „Als ich meinen Beitrag abgeschickt hatte, dachte ich, er sei wirklich zu unbedeutend, um überhaupt gedruckt zu werden. Wenn ich jetzt lese, dass

„Wir halten es übrigens für besonders wertvoll, wenn neben recht ‚kühlen', eher wissenschaftlichen Beiträgen eine einfühlsame Frau mit persönlichen Eindrücken und Erlebnissen zu Wort kommt. Die Schrift wird dadurch wesentlich bereichert werden."

In einem Brief an Karl-Heinz Gottmann fügt er ergänzend hinzu: „[...] und sie hat ja einen allerbesten Namen."[26]

Luise Rinser schreibt darauf hin „Lama Govinda als Gast" und schickt ihren Beitrag am 19. Februar 1972 mit einem erläuternden Brief an Karl-Heinz Gottmann:

„Hier ist mein kleiner Beitrag zu dem Buch. Ich habe absichtlich wenig über A. Govindas Ideenwelt gesagt, denn sie ist ja bekannt, und wenn jemand darüber schreiben will, dann sollen es ‚Fachleute' tun.[27] Ich beschränke mich auf eine Schilderung, eine Beschreibung meines Zusammenseins mit ihm."

Sie weist darauf hin, dass sie „gar nichts Besonderes" mit Lama Govinda erlebt habe, aber auch, „dass das nicht nötig war. Ich meine, das Zusammensein war schön auch so, und A. Govinda sowohl wie seine als schwierig bekannte Frau"[28] hätten sie liebgewonnen und zu sich nach Indien eingeladen, wohin sie 1974 auch reisen wollte.

Gebser und Dürckheim auch schicken, meine ich, dass mein Beitrag überhaupt nichts aussagt. Sie können ihn ruhig weglassen. Das, was zwischen Lama Govinda u. mir sich in aller Stille begab, ist fast ein Nichts; es war aber eine „Sympathie" ohne Spannung und ohne Ereignis. Es gibt Erlebnisse, über die man nur Banales sagen kann."

26 Brief vom 23. März 1973.

27 Auf Grund ihrer Lebenssituation und der Kürze der zur Verfügung stehenden Zeit, aber auch auf Grund ihrer geringen Quellenkenntnisse kann davon ausgegangen werden, dass Luise Rinser die „Ideenwelt" Lamas Govindas nicht „ausführlich" hätte darstellen können. Auch kann davon ausgegangen werden, dass diese keineswegs „allgemein bekannt" war.

28 Li Gotami hat ihren Mann stark abgeschirmt. Wer ihn sprechen wollte

Über ihre Leseerfahrung schreibt sie in ihrem Beitrag zur Festschrift:

„Ich lese seit fast vierzig Jahren in den Schriften des fernen Ostens [...] Später las ich hier und dort Aufsätze von A. Govinda, so auch das Vorwort zu dem Buch ‚Meditations-Sutras'[29], zu dem A. Govinda auch die Vignette auf dem Umschlag zeichnete: die Verbindung des Yin- und Yang Zeichens – die nämliche Zeichnung, die ich später als Schmuck- und Würde-Abzeichens an einer Kette am Halse Govindas wiedersah."

Ihre biografischen Angaben folgen dem Mythos, der eine wesentliche Grundlage ihres schriftstellerischen Erfolges im Nachkriegsdeutschland wurde:

„Unter Hitler ab 1941 Publikationsverbot, 1944-45 im Gefängnis[30]. Etwa 20 Bücher (Romane und Essays, übersetzt in – ich glaube mehr als – 18 Sprachen."[31]

oder ein Anliegen an ihn hatte, musste zunächst an ihr vorbei. Das war für die meisten alles andere als eine leichte Aufgabe. Manche legten ihr dies als Eifersucht aus, was wohl tatsächlich eine Rolle spielte, jedoch nicht die ausschließliche. Vor allem hielt sie ihm Zeit frei zum Schreiben, Malen und Meditieren. Govinda tat sich schwer, einer an ihn gerichteten Bitte nicht zu entsprechen. Li war eine ausgesprochen selbstbewusste und energische Persönlichkeit, die im Unterschied zu Govindas höflicher Zurückhaltung äußerst deutlich werden konnte (Information von Volker Zotz).

29 Es handelt sich um Muralt, *Meditations-Sutras*.

30 1941 erschien ihr erstes Buch *Die gläsernen Ringe*. Wenige Monate später folgte die zweite Auflage. Papiermangel, nicht politische Gründe, verzögerte später das Erscheinen weiterer Bücher. Ins Gefängnis kam sie wegen des Vorwurfs der „Wehrkraftzersetzung", nicht wegen ihres angeblichen Widerstandes gegen den Nationalsozialismus. Der Prozess, der mit einem Todesurteil hätte enden können, wurde auf Grund ihrer berufsbedingten guten Beziehungen zu hohen NS-Funktionären unter Beteiligung von Joseph Goebbels bis Kriegsende verschleppt. Siehe dazu Sánchez de Murillo, *Luise Rinser*, S. 168, 196f., 199, 204ff.

31 Luise Rinsers Umdichtung der lebensgeschichtlichen Ereignisse zum „Mythos" ihres Lebens hat José Sánchez de Murillo in seiner Biografie

Karl-Heinz Gottmann lässt Luise Rinser wissen, dass Lama und Li Gotami Govinda ihr Haus in Almora bei der Rückkehr zum Teil eingestürzt vorfanden und Lama Govinda bereits die nächste Reise in die USA plane. Luise Rinser bedauert das Unglück und rät von weiteren Reisen ab,

„nicht nur, weil es ihn dort so sehr anstrengt, sondern weil er aus der Ferne und Stille heraus mehr bewirken könnte. – Ich beginne, all diese Reisen ‚indischer Weiser' kritisch zu betrachten[32]. Die Leute in Europa u. den USA nehmen östliche Weisheit wie Drogen zu sich – und dann leben sie weiter wie bisher, bloß haben sie dann dazu noch das Gefühl, etwas zu wissen u. mehr zu sein als andere."

Die Lebenssituation

Im Januar 1965 hat Luise Rinser ihr Haus in Rocca di Papa bezogen.[33] Seit der Scheidung von Carl Orff 1960 lebt sie allein. Sie liebt die Stille, die ihre schöpferische Arbeit fördert und sehnt sich doch nach einer Klosterzelle „mit sozusagen nichts darin." Sie schreibt regelmäßig für

Luise Rinser. Ein Leben in Widersprüchen aufgezeigt. Demnach gab es nie ein Publikationsverbot für sie. *Die gläsernen Ringe* erschien sogar in zweiter Auflage. Als Ausbilderin beim Bund deutscher Mädel, dem weiblichen Zweig der Hitlerjugend, und als Drehbuchautorin für die UFA war Luise Rinser in den Nationalsozialismus tief verstrickt. Veröffentlichungen aus dieser Zeit belegen ihre politische Begeisterung und Blindheit. Ihre Entlassung aus dem Gefängnis 1944 verdankt sie mit hoher Sicherheit politischer Intervention von höchster Stelle.

32 Luise Rinser beschreibt in *Grenzübergänge. Tagebuchnotizen* (Frankfurt am Main 1972) ihre Eindrücke von dem indischen Guru Maharishi Mahesh Yogi, des Begründers der Transzendentalen Meditation, den sie im Juni 1972 in Frankfurt erlebt hat.

33 Alle biographischen Angaben nach Sánchez de Murillo, *Luise Rinser* und Rinser, *Gratwanderung*.

die Zeitschrift *Für Sie* über Lebensfragen und berichtet aus Rom vom Zweiten Vatikanischen Konzil. Trotz ihres Erfolges bei den Lesern leidet sie darunter, von der literarischen Fachwelt nicht ernst genommen oder verrissen zu werden und bald völlig vergessen zu werden. Mit dem Abt Johannes Maria Hoeck, den sie 1955 kennen lernte, und dem katholischen Theologen und Priester Karl Rahner lebt sie seit 1962 ihr „klerikales Liebesdreieck", was 1964 zu einer herz- und nervenzerreißenden Krise führt, die für Luise Rinser zugleich Lebens-, Schaffens- und Glaubenskrise wird, aus der sie 1967 „mit Vehemenz zum Glauben"[34] zurückkehrt. Sie sehnt sich nach jenem „ES, das die Liebe selbst ist", lernt „im Augenblick leben", begegnet immer wieder Jugendlichen, denen sie zuhört, hat „die ganze Theologie satt, satt, satt" und wendet sich der Politik zu. In Willy Brandt bewundert sie die Vereinigung von Denken und Gefühl, Stärke und Verletzlichkeit, seine Intuition und sein Bemühen um Frieden. In seiner Handschrift erblickt sie einen Menschen, „der zwar mit beiden Beinen auf der Erde bleibt, aber auch ‚nach oben' gespannt ist. Sie entdeckt die Ruhe und Gutmütigkeit Irlands als „eine einheimische Provinz meiner Person-Landschaft" und reist in die Sowjetunion. Zu Beginn des Jahres 1972 arbeitet sie an dem Tagebuch *Grenzübergänge* und begegnet dem Physiker und Philosophen Carl-Friedrich von Weizäcker. Konfrontiert mit ihren Hitler verherrlichenden Gedichten von 1933, leugnet sie, deren Verfasserin zu sein. Zu Unrecht wird sie in einer vom Springer Verlag ausgehenden Medienkampagne terroristischer Umtriebe bezichtigt. Im August stirbt ihre Mutter. Im November fliegt sie in die USA. Luise Rinser ist 61 Jahre alt.

Lama Govinda steht im 75. Lebensjahr. 1928 hatte er Europa verlassen, um drei Jahrzehnte nicht mehr zurückzukehren. 1938 nahm er

34 Rinser, *Gratwanderung*, S. 414.

die britisch-indische Staatsbürgerschaft an. Als erklärter Gegner des Nationalsozialismus verwendete er mit Ausbruch des Zweiten Weltkriegs bis zu dessen Ende die deutsche Sprache nicht mehr. 1947 heiratete er die Inderin Li Gotami. Europa war ihm ein ferner Kontinent geworden, als er dort durch Bücher wie *Grundlagen tibetischer Mystik*, zuerst deutsch 1956, und *Der Weg der weißen Wolken*, zuerst englisch 1966, Aufmerksamkeit erregte. Die Einladung, auf einem Kongress in Venedig zu sprechen, führte ihn 1960 erstmals wieder in den Westen. Es folgten Vortragsreisen 1965 durch Europa und 1968 durch die Vereinten Staaten von Amerika. Von Dezember 1971 bis Dezember 1972 befindet er sich schließlich mit seiner Frau auf einer Vortragsreise um die Welt. An der Southern Methodist University in Dallas ist er für ein Semester von Januar bis Mai als Gastprofessor verpflichtet. Es folgen Vorträge und Seminare an verschiedenen Orten Amerikas, Europas und Südafrikas. Das Treffen mit Luise Rinser fällt vor die Abreise aus Europa nach Südafrika, von wo aus er nach Indien zurückkehrt. Vom 14. bis 18. September wirkt er in Castiglioncello an einem Psychosynthese-Seminar des von ihm geschätzten transpersonalen Psychiaters Roberto Assagioli (1888-1974) mit.[35]

In seinem ersten, mit Maschine geschriebenen und von Hand ergänzten Brief vom 6. Mai 1973 wird sich Lama Govinda dankbar an „das Ungeplante und Unerwartete" der Begegnung, die „etwas von der Wunderbarkeit eines Märchens" hatte, erinnern und das Haus in Rocca di Papa „Ihren Zauberberg mit dem schweigenden Kratersee und der großen Stille der Natur und Ihres lieblichen Gartens" nennen. Am 19. Juli 1973 dankt er Luise Rinser für Ihren Beitrag zur Festschrift

35 Für die ausführlichen, die bisher veröffentlichten biografischen Angaben ergänzenden und korrigierenden Informationen sowie weitere Unterstützung danke ich sehr herzlich Volker Zotz, der die Biografie und das Werk Lama A. Govindas bestens kennt und neu herausgeben wird.

und klärt sie über ihren Irrtum bezüglich des Ordenssymbols auf, das mit der Abbildung auf dem Buch *Meditations-Sutras des Mahayana-Buddhismus* nicht identisch sei. Mit gleicher Post lässt er ihr die Neuauflage seines Buches *Der Weg der weißen Wolken* zukommen.

In ihrer handschriftlichen Antwort vom 26. Mai 1973 räumt Luise Rinser ein, von diesem Buch „schon gehört" zu haben, es aber nicht zu besitzen. Sie beginnt mit der Lektüre und ist nach der Hälfte des Buches „voll Sehnsucht nach Tibet", wobei „Tibet nicht nur eine geographische Landschaft ist; vielleicht kann ich es in mir selber finden." Luise Rinser will unbedingt nach Indien reisen und vertraut Lama Govinda einen Jahrzehnte zurückliegenden Traum an, in dem sie in einer dünnen Hülle eingeschlossen, „etwas wie Seide oder Zellophan", eine Stimme hört, die sagt: „So wenig nur trennt dich von..."

„Aber wovon, das sagte die Stimme nicht. Nun: ich fühle, dass ich nahe am Geheimnis bin, aber ich komme nicht durch; vermutlich hänge ich noch zu sehr an meinem Ich, und das hindert mich am Erkennen. Ich bin auch als Schriftstellerin ehrgeizig u. leide daran, dass ichs bin. Wie komme ich darüber hinweg? Wie stoße ich denn durch zum Eigentlichen? Ich habe keinen anderen Wunsch mehr als den: durchzustoßen oder vielmehr herausgerissen zu werden, hochgehoben, meines schieren Ich entledigt."

Und wie Jahrzehnte zuvor bereits im Briefwechsel mit Hermann Hesse und Ernst Jünger[36], aber auch in ihrer Beziehung zu Karl Rahner[37], taucht ein Grundthema ihres Lebens auf: Die Sehnsucht nach „Führung".

36 Vgl. dazu: Benedikt Maria Trappen: „Wem sonst als Ihnen?" In: Luise Rinser, Ernst Jünger: *Briefwechsel 1939 – 1944*. Augsburg 2015.

37 Luise Rinser bezeichnet Karl Rahner in ihren Briefen als Führer, Lehrer, Spiritual, Meister. Im Vorwort zu *Gratwanderung* nennt sie ihn einen „Theologen, der mein Guru war."

„Ich brauche dazu einen Helfer, einen Guru, oder bescheidener gesagt: eines Klugen Worte. Können Sie mir ein Mantra geben, das mir hilft? Oder können Sie mir sonst helfen? – Ich muss so vielen Menschen helfen in Briefen [...], aber ich selber bin noch nicht dort, wo ich sein sollte."

Sie schreibt von der Schönheit ihrer Rosen, die aber an die traumhafte Schönheit des Himalaya und des blauen Sees nicht heranreiche, und kommt dann auf eine wesentliche Überzeugung Lama Govindas die buddhistische Welt betreffend zu sprechen, die ihrer Überzeugung nach die christliche Welt ebenso betrifft:

„Kein Dogmatisieren hilft, sondern Riten, Bilder, Ausstrahlungen. Das aber ist beinahe das Todesurteil unter die katholische und evangelische Theologie. Wir brauchen wieder Symbole, Bilder, vorgelebte Gläubigkeit, Heiligkeit."

Die Betonung des Lebens vor dem Denken und Schreiben sowie der Notwendigkeit, tiefere Schichten des Menschen ganzheitlich anzusprechen und einzubeziehen, stellt eine grundlegende Kritik der „männlichen" Wissenschaften[38] dar, aus der die Fülle des gelebten Lebens durch Integration des „Weiblichen" als eigentlich menschliche Dimension hervorgeht. José Sánchez de Murillo wird später formulieren: „Aus der Vereinigung des Männlichen mit dem Weiblichen geht das Menschliche immer erneut hervor."[39]

38 In *Unterentwickeltes Land Frau: Untersuchungen, Kritik, Arbeitshypothesen* (Würzburg 1970) forderte Luise Rinser die Überwindung der patriarchalischen Strukturen durch Anerkennung des Weiblichen im Mann und des Männlichen in der Frau: „Es geht um die Schaffung einer [...] demokratischen Gemeinschaft erwachsener Menschen, welche [...] ihre Geschlechtlichkeit frei übersteigen im Menschsein." (S. 27)

39 Grundthemen des Werkes von Sánchez de Murillo werden dargestellt in: Benedikt Maria Trappen: „Dein Wort sei nur Gesang. Die Dimension der

Luise Rinser bekennt, durch das Buch Lama Govindas „viele kostbare Antriebe" zu erhalten, wünscht sich, in Indien und in seiner Nähe zu sein und fügt an: „Grüßen Sie Ihre liebe Frau von mir!" Beiläufig erwähnt sie, dass sie einen der beiden Löffel, die das Ehepaar Govinda ihr in Rom zum Abschied geschenkt hat, an den Physiker und Philosophen Carl-Friedrich von Weizäcker weitergab. „Er wollte mir ein Freund werden, aber seine Frau ist leider so entsetzlich eifersüchtig, dass sie uns kein Wiedersehen erlaubt." Ein weiteres zentrales Grundthema ihres Lebens wird hier deutlich, auf das José Sánchez de Murillo und Heimo Schwilk wiederholt hingewiesen haben: Das Spiel mit dem Eros, mit Nähe und Ferne, Sehnsucht, Eifersucht und Macht.[40] „Was tun…?" fragt sie Lama Govinda. „Ich bitte Sie um Ihre helfenden Gedanken." – Welcher tiefere Sinn und Zweck verbirgt sich hinter diesem offensichtlichen ambivalenten mächtigen erotischen Komplex?

Einen wichtigen Hinweis geben die Beziehung und der zugehörige Briefwechsel zwischen Luise Rinser und dem Pädagogen Franz Seitz.[41] Nachdem Franz Seitz sie am 23. Dezember 1932 gefragt hatte: „Liebst du mich oder durch mich hindurch das Leben?" und ihm klar wurde, dass Luise Rinsers „Antwort heißen mußte: Durch Dich hindurch das Leben", schreibt er ihr: „Auch ich liebe in Dir das Leben, aber es ist

Tiefenphänomenologie." In: Christoph Rinser, Renate M. Romor, Benedikt Maria Trappen (Hrsg.): *Abschied vom Gewohnten.* Festschrift für José Sánchez de Murillo zum 70. Geburtstag. München 2013, S. 221-238; Benedikt Maria Trappen: „José Sánchez de Murillo und die Tiefenphänomenologie. Versuch einer Annäherung." In: *Information Philosophie* 3. Oktober 2017.

40 Sánchez de Murillo, *Luise Rinser*, S. 292ff.; Heimo Schwilk: „Natürlich haben sie alle gelogen. Schreiben unterm Hakenkreuz am Beispiel von Luise Rinser und Herbert Reinecker." In: *Rheinischer Merkur. Christ und Welt*, 12. Februar 1988.

41 Sánchez de Murillo, *Luise Rinser*, S. 92.

doch anders als bei Dir: ich liebe in Dir (kursiv) das Leben, Du liebst es durch mich hindurch."

Am 25. Dezember 1932 erläutert Luise Rinser in einem Brief an Seitz, wie sie sich die Ehe vorstellt. Sie will ihm helfen, sich durch sie frei zu entfalten. Die erotische Anziehung wird verstanden als wesentliches Element und treibende Kraft in einem wechselseitigen Prozess, der auf die Freisetzung, Selbstverwirklichung beider Partner zielt.[42] Sinn und Ziel des Prozesses ist es, die beiderseitigen Projektionen zurückzunehmen und durch Integration des Weiblichen im Mann und des Männlichen in der Frau die Ganzheit zu verwirklichen. „Hochzeit", „Ehe", „Bund für das Leben" stellen damit nicht nur ein Sakrament[43] dar, sondern eine Initiation: ein erlebnismäßiger Vorgriff auf eine Seinsweise, die erst noch zu verwirklichen ist. Vermutlich ohne dies ausdrücklich zu wissen, berührt Luise Rinser damit ein zentrales Motiv des tantrischen Buddhismus.[44]

42 Der Briefwechsel enthält weitere Hinweise darauf, dass Luise Rinser die Empfänglichkeit des geistigen Mannes für ihre erotische Ausstrahlung als Gradmesser ansieht, wie weit entfernt vom Nur-Menschlichen er ist. Gleichzeitig weiß sie, dass diese Empfänglichkeit ihr Macht verleiht: „Ich weiß, daß ich bei keinem Menschen bleiben kann – ich muß hindurchgehen durch viele." – „Ich weiß doch um meine Macht – ich weiß aber auch, daß ich damit andere nur leiden mache." – „Denn: lieber Mensch Du, so gern ich Dich habe – ich muß, muß frei sei." (Brief vom 5. Dezember 1935). – Bereits 1928 heißt es in einem Brief an ihre Freundin Gertraud Ehrengut: „Wohin führt der Weg? […] Das weiß ich nicht. Wohin mein Herz führt? Weiß ich auch nicht. Zu Dir? Zu ‚M'? Durch euch alle zu Gott." Nach Sánchez de Murillo, *Luise Rinser*, S. 63.

43 Karl Rahner, dessen späte Trinitätslehre als Theologie der Einheit von Nächsten- und Gottesliebe aus der ebenso beseligenden wie vernichtenden Erfahrung oder Feuerprobe dieser radikalen Beziehung hervorging, bezeichnete Luise Rinser als ein Sakrament seines Lebens.

44 Vgl. Lama Anagarika Govinda: *Initiation. Vorbereitung, Praxis, Wirkung.* Hrsg. von Birgit Zotz. Luxemburg 2014. – Luise Rinser bezeichnet diesen Weg in ihrem Vorwort zu *Gratwanderung* als „das göttliche Experiment,

Lama Govinda beantwortet Luise Rinsers Brief vom 26. Mai 1973 am 19. Juli 1973 ebenso sachlich wie zugewandt:

„Ich wünschte, ich könnte Ihre Frage nach einem Mantra positiv beantworten. Aber da ich weiß, daß sie ein tief empfindender und religiöser Mensch sind, möchte ich Sie nicht mit einer nur intellektuell befriedigenden Antwort abspeisen. Ein Mantra muss aus der Tiefe des Herzens aufsteigen, um lebendigen Wert zu haben, gleichgültig, ob es ein vom Guru gegebenes oder ein spontan im Tschela[45] verwirklichtes Mantra ist. In beiden Fällen muss ein lebendiger, d.h. erlebnismäßiger Zusammenhang zwischen Guru und Tschela, wie zwischen Tschela und dem mantrischen Symbol bestehen. Dieser Zusammenhang wird durch den Akt der Initiation hergestellt, was leider nicht brieflich geschehen kann, sondern nur in persönlichem Kontakt und nach sorgfältiger geistiger Vorbereitung und innerer Abstimmung [...] Gehen Sie unbeirrt Ihren inneren Weg und vertrauen Sie der Weisheit Ihres Herzens. Das ist, was ich meinte, wenn ich sagte: ‚Sie wissen doch alles selber.'"

ganz Mensch, ganz Mann, ganz Frau zu sein, ganz ‚Fleisch und Blut', und dennoch ganz und gar spirituell zu leben" (S. 8). Das ist es, was Luise Rinser und Karl Rahner in ihrem Briefwechsel immer wieder „Beides" nennen, Liebe als Weg und Ziel, wobei auch der Sexualität eine ausgezeichnete Rolle zukommt: „Alles Irdische ist nur Gleichnis, auch der Beischlaf, dieser Rückgriff aufs Paradies, dieser Vorgriff auf den Himmel. [...] Im Liebesakt sucht der Mann die Frau oder im Mann das Weibliche. Auf jeden Fall sucht das ‚Yang' sein ‚Yin', das männliche Prinzip das Weibliche [...] Die Erfüllung in der Vereinigung ist leider nicht von Dauer. Don Juans Tragik. Jesus war ganz Mensch [...] Seine Vollkommenheit bestand darin, daß er als Mensch ganz EINS war mit sich und ‚mit dem Vater', mit ALLEM. Er war die Integration von Männlichem und Weiblichem [...] Mystiker aller Grade würden ihre Erfahrung vom Einswerden mit ‚Gott' nicht um alles umtauschen in die kleinere Münze des Beischlafs [...] Ich liebe die Liebe. Dennoch weiß ich etwas vom ‚andern'." Rinser, *Kriegsspielzeug*, S. 144.

45 Celā ist das Hindi-Wort für den im Sanskrit als Śiṣya bezeichneten spirituellen Schüler.

Diese nachträgliche Erläuterung stellt zunächst eine Absage an Luise Rinsers lebenslanges Bedürfnis nach „Führung" durch eine bewunderte männliche Autorität und einen Verweis auf den, wie es bei Hesse immer wieder heißt, „Führer im Innern" dar. Die Worte eines Meisters allerdings sind ein ‚Ereignis', das jenseits des Beabsichtigten und Gemeinten in gerade dieser Situation gerade diesen Menschen ansprechen und treffen. Es ist daher durchaus möglich, dass Luise Rinser sich in dieser Situation blitzartig sowohl in ihrem ausgeprägten intellektuellen Selbstverständnis[46] getroffen, als auch in ihren Lebenslügen[47] durchschaut gefühlt hat, dieses bedeutsame, richtungsweisende peinliche und schmerzliche ‚Ereignis' aber für sich behalten hat.

Am 31. Dezember 1973 schreibt Lama Govinda mit der Hand auf die Rückseite der Reproduktion eines von ihm gemalten Pastells, das einen der Tempel von Tsaparang im Mondlicht zeigt:

„Ob ich Ihnen ein Helfer auf Ihrem inneren Weg sein kann, wage ich nicht zu entscheiden. Ich kann Ihnen nur sagen, daß ich Ihnen oft nahe bin und daß ich unsere Begegnung für mehr als einen bloßen Zufall halte."

Er knüpft an ein von Luise Rinser in ihrem bislang nicht aufgefundenen Brief vom 6. Dezember 1973 erwähntes Zitat von Werner Heisenberg über Geist und Materie an und weist sie auf das Buch *Zahl und Zeit* der bedeutenden C. G. Jung-Schülerin Marie Louise von Franz hin. Dort heißt es:

46 „Bekanntlich hatte Luise Rinser die Neigung, sich selbst als Heldin darzustellen, die nahezu alles besser machte als die anderen." Sánchez de Murillo, *Luise Rinser*, S. 216.

47 Es geht hierbei vor allem um ihre Verstrickung in den Nationalsozialismus und die uneheliche Geburt ihres zweiten Sohnes Stephan.

„Es sieht so aus, als ob Materie und Psyche nur die Außenabsicht und Zusammensicht derselben bewusstseinstranszendenten Wirklichkeit wären."[48]

C.G. Jungs Begriff des „Kollektiven Unbewußten" scheint Govinda allerdings irreführend:

„Denn es handelt sich hier nicht um ein bloß Zusammengesammeltes, ‚kollektives', sondern um ein integrales, ja universelles ‚Überbewußtsein'. In den Urgründen des Innern erleben wir das Göttliche, das Tao, das Unaussprechliche, die tiefste Wirklichkeit, den stets gegenwärtigen Ursprung."

In ihrem Brief vom 6. Juli 1974 erzählt Luise Rinser Lama Govinda von ihrer Reise nach Indonesien, die wieder ihre Sehnsucht nach Indien geweckt hat: „Seither ist's mir klar, dass ich wieder zu Ihnen muss [...] Ich sehne mich danach, in Ihre Nähe zu kommen." Mit 63 Jahren sei sie

„ins letzte Drittel ihres Lebens eingetreten. Ich möchte einen neuen ‚Weg nach Innen' machen. Ich ahne so viel, und ich kann noch nicht ‚durch-brechen'. Vielleicht sollte ich aber gar nichts wollen und einfach die Ansprüche des Tages erfüllen u. warten, bis der ‚Herr des Alls' von sich aus mich an sich zieht. Jedenfalls fällt Stück um Stück des äusserlichen Treibens von mir ab, auch wenn ich ‚ganz normal' lebe. Bisweilen schaue ich mich und alles ‚von der anderen Seite her' an, als sei ich schon ‚drüben'. Ich habe für alles, was ich lebe, einen sicheren Maßstab: was mich mehr (stärker) lieben macht (Menschen, Erde, Kosmos, All) ist richtig. [...] Glauben Sie, daß ‚Liebe' mein Mantra ist? Ob Jesus Christus mein Guru ist? Bisweilen stelle ich mir aber

48 Marie Louise von Franz: *Zahl und Zeit. Psychologische Überlegungen zu einer Annäherung von Tiefenpsychologie und Physik.* Stuttgart 1970.

solche Fragen schon nicht mehr. Dann ‚bin ich, die ich bin', nämlich Ich und Nicht-Ich gleicherweise."

Der ‚spirituellen Intimität' folgt eine weitere Vertraulichkeit über ihr Verhältnis zu Carl-Friedrich von Weizäcker, den sie nicht mehr gesehen hat, und dessen „entsetzlich eifersüchtige" Frau: „Sie fürchtet die geistige Liebe zwischen ihm u. mir." Ihre Verbindung zu ihm sei „sehr stark. Manchmal tut es mir ein bisschen weh, ihn nicht zu sehen. Aber ich warte im Nicht-warten. Vergessen Sie mich nicht. Und vielleicht kann (darf) ich doch eines Tages kommen, ehe ich zu alt zum Reisen bin!! Grüßen Sie Ihre liebe Frau von mir."

Am 15. Juli 1976 antwortet Lama Govinda auf einen noch nicht aufgefundenen Brief Luise Rinsers vom 13. Juli 1976. Er erwähnt den erlittenen Schlaganfall, sein *I Ging*-Projekt, sein Buch über das vieldimensionale Bewusstsein und einen möglichen Aufenthalt in einem Sanatorium am Bodensee. Es freue ihn, dass sie „einen guten Freund in einem Koreaner[49] gefunden haben, der Sie mit der östlichen Denkungsart vertraut macht." – Auch dies ist ein wiederkehrendes Motiv ihres Lebens: Dem Mann, der ihrem Wunsch und Begehren nicht zu willen ist, einen anderen zu präsentieren und vorzuziehen.[50]

49 Luise Rinser war seit 1975 mit dem südkoreanischen Komponisten Isang Yun befreundet. 1980 freundete sie sich auch mit dem nordkoreanischen Diktator Kim Il-sung an, den sie als „eine Vaterfigur mit einer starken und warmen Ausstrahlung, ganz in sich ruhend, heiter, freundlich, ohne Falschheit, mit gelassenen Bewegungen und ruhigem Blick, ganz einfach, ohne jedes Imponiergehabe, witzig und humorvoll" erlebt. „Ein Mann, ein Mensch." (Sánchez de Murillo, *Luise Rinser*, S. 351).

50 Dieses „Spiel" mit der geistigen und erotischen Eifersucht durchzieht auch ihren Briefwechsel mit Karl Rahner. Luise Rinser benutzt dazu geschickt Johannes M. Hoeck, Johannes B. Lotz, Martin Buber, Gabriel Marcel, Fritz Landshoff und einen reichen italienischen Witwer.

Luise Rinser hält „es mit den Großen."[51] Die Bewunderung ‚großer' Männer und die von ihnen erbetene „Führung" sind immer wieder Köder und Haken der „Anglerin Gottes". Angesichts der in ihrem Festschrift-Beitrag überraschend behaupteten außerordentlich hohen Wertschätzung des Beitrages von Lama Govinda in *Die Antwort der Religionen* ist daher Vorsicht angebracht. Handelt es sich auch hierbei um einen solchen Köder? Oder ‚nur' um eine ‚anlassbezogene Umdeutung'? Lassen sich Beweise für das eine oder das andere finden? Und in welchem Zusammenhang steht diese Äußerung mit ihrer Beziehung zu Karl Rahner, dessen Theologie, dem Christentum und der Katholischen Kirche?

Angesichts der außerordentlichen Bewunderung und Hochschätzung, die Luise Rinser der Theologie Rahners nachweislich entgegengebracht hat, und ihrer intensiven radikalen geistig-intimen Beziehung[52] ist zu erwarten, dass diese Thematik in Briefe, Gespräche und Notizen Eingang gefunden hat.[53]

Im Februar 1964 beendete Karl Rahner nach anderthalb Jahren seinen Beitrag für eine Sendung des Bayerischen Rundfunks, aus der später das Buch *Die Antwort der Religionen* hervorging.[54]

51 Rinser, *Gratwanderung*, S. 172.

52 Luise Rinser bezeichnet ihre Briefe, in denen die Gedanken und Gefühle Karl Rahners gespiegelt seien, als „sein intimes Tagebuch" (*Gratwanderung*, S. 11).

53 „Du schreibst die Theologie der nächsten 200 Jahre." (18. Juli 1962); „Das Genie, das du bist, ist es, das mich hinreißt" (25. Februar 1965); „Ich war und bin hingerissen von Dir, von Deiner Person, Deiner Theologie" (18. Februar 1965); „Du Aristokrat unter den Intellektuellen" (7. August 1964); „Dich verstehen sie erst ganz in hundert Jahren" (22. Juni 1964); „Du hast mich geistig aufgerissen" (9. Februar 1964); „Deine Sicht der Welt durchtränkt mich mehr und mehr" (13. Januar 1964).

54 Das Projekt des atheistischen Journalisten Gerhard Szczesny ging aus ei-

In dem gesamten Zeitraum – vom September 1962 bis zum Erscheinen des Buches 1964 und darüber hinaus – geht Luise Rinser darauf nicht ein. Zwar zieht sie immer wieder andere Arbeiten Rahners für eigene Texte zu Rate. *Die Antwort der Religionen* erwähnt sie nicht, auch nicht im Zusammenhang ihrer Begegnungen und Gespräche mit dem Juden Martin Buber. Lama Govinda findet weder in ihren veröffentlichten, noch ihren unveröffentlichten Aufzeichnungen und Briefen Erwähnung und taucht auch im Werk Rahners nur im Editionsbericht auf.[55]

Es ist daher eher unwahrscheinlich, dass Luise Rinser *Die Antwort der Religionen* mit den von ihr in der Festschrift behaupteten Eindrücken gelesen hat. Der Tenor ihrer ‚anlassbezogenen Umdeutung' lässt sich mit den Ereignissen und Entwicklungen dieser Jahre dennoch in Verbindung bringen.

Zum Buddhismus schreibt sie am 20. Juli 1963 an Rahner:

„Ich habe Angst, wie wir bei dem ganz großen Gericht einmal bestehen werden, wir Katholiken, wir Christen. Ob nicht die sanften Buddhisten viel besser abschneiden? Wer weiß. – Ich zweifle im Augenblick ziemlich an der Höhe unserer Ethik des Christlichen. Oder vielmehr: Sie ist so hoch, daß kein Mensch sie leben kann. Den Buddhismus kann man leben."[56]

Hintergrund ihrer, für „Mutter Kirche" notwendigen „demütigen Einsicht" ist Luise Rinsers Blick in den Abgrund der Kirchengeschichte. Aber es geht dabei auch um das Grundproblem ihres Lebens: Wie

ner Sendung des Bayerischen Rundfunks hervor, in der allerdings nur ein Teil der später veröffentlichten Antworten zur Sprache kam.

55 Editionsbericht zu SW 22/1a in: Karl Rahner: *Dogmatik nach dem Konzil. Sämtliche Werke*. Band 22/1. Bearbeitet von Peter Walter und Michael Hauber. Freiburg im Breisgau 2013. (Auskunft von Albert Raffelt).

56 Rinser, *Gratwanderung*, S. 156.

ist ein Leben, das auf Gott hin ausgerichtet ist, das „Abenteuer der Vollkommenheit", vereinbar mit dem „Leben in der Welt"? Kann man Gott und die Menschen lieben? Gott und die Welt? Schließen sich das Vollkommene und das Unvollkommen nicht aus? Kann es ein erlösendes „Zusammenfallen der Gegensätze" geben – in diesem Leben? Luise Rinser, die auch in ihren Büchern mit diesen Fragen ringt, leidet darunter, „dass die offizielle Kritik mich ‚fertig machen' will. Ich habe im Grunde keinen sog. bedeutenden Kritiker für mich."[57]

Verbittert fühlt sie sich auf Grund ihres Erfolges bei den Leserinnen und Lesern als Frau „fertig gemacht" und auf Grund ihrer „konfessionellen Einengung" abgelehnt. Der Verriss ihres Buches *Die vollkommene Freude* durch einen „noch jungen polnischen Juden in einem langen bösen Aufsatz"[58] trifft sie tief. Nach anfänglichen Erfolgen – stolz teilt sie Rahner die Zahl der Hörer ihrer Lesungen mit und glaubt „allmählich selber, daß ich berühmt bin"[59] – leidet sie darunter, nur Mittelmaß zu sein. Man verweigert ihr den Hermann Hesse Preis und sie hat Angst, „überhaupt nicht mehr zur Literatur gezählt zu werden."[60] „Mir würde jetzt nur der Nobelpreis nutzen als Bestätigung, aber ich fürchte, ich würde sogar den nicht gelten lassen."[61] Resigniert bekennt sie Rahner in hellsichtigem Sarkasmus:

„Ich finde mich schon noch damit ab, Mittelmaß zu sein. Als Kokotte (Hetäre) wäre ich erstklassig gewesen. Beruf verfehlt..."[62]

57 In *Gratwanderung* nicht abgedruckte Passage eines Briefs vom 11. Februar 1964.

58 Es handelt sich um Marcel Reich-Ranicki: „...denn sie wissen nicht, was sie konsumieren. Über Luise Rinsers neuen Roman ‚Die vollkommene Freude'." In: *Die Zeit*, 25. Mai 1962 (Nr. 21).

59 14. Januar 1963.

60 15. Februar 1965 und 17. Februar 1965.

61 Brief vom 26. Februar 1964.

62 Brief vom 19. November 1965.

In dieser verzweifelten Lage macht sie Rahner, den „in Anbetracht Deiner vielen, vielen Lasten – unverschämten, anmaßenden Vorschlag", einen Aufsatz über sie zu schreiben:

„'Das Theologische im Werk von Luise Rinser' – oder so etwas wie ‚Eine einsame Gestalt in der modernen deutschen Literatur', so würde das meiner Arbeit plötzlich ein großes Gewicht geben."[63]

Rahner, der sich in Briefen immer wieder positiv zu ihrem Werk und ihrer Begabung geäußert und 1963 bereits in einem Brief eine kurze Charakteristik seines Wuschels geschrieben hat, bekommt aus vielen Gründen einen großen Schrecken. Aber das ist kein Grund dagegen. Das genaue Thema müsse geklärt werden, auch, wo ein solcher Text erscheinen soll. Für das Literarische hält er sich ohnehin nicht zuständig. Dass Luise Rinsers *Für Sie*-Beiträge das einzig Lesenswerte in einem Heft sind, das zu zwei Drittel aus Werbung besteht, und sie in der Zeitschrift *Revue* mit einem fast ganzseitigen Bild die Artikelserie „Im Namen der Frauen" über die Abtreibung eröffnet, trägt sicher ebenso zu seiner Verunsicherung bei wie die Befürchtung, dass seine Mitbrüder mehr von der Beziehung zwischen Luise Rinser und ihm wissen könnten als er denkt. Rahner durchleidet in dieser Zeit selbst eine tiefe Krise – die dunkle Nacht der Seele. Er zweifelt am Wert seiner Arbeit, sieht seinen Stern sinken, fühlt sich innerlich tot und leer, ausgebrannt, wie ausgestopft von Asche und Bitterkeit. Vor allem aber dürstet er nach dem Wort ihrer Liebe, das Luise Rinser, die inzwischen zur „Exklusivität" ihrer Treue zu „ihrem Abt" Johannes Maria Hoeck zurückgefunden hat, ihm vorenthält. Es ist keineswegs so, wie Luise Rinser ihm unterstellt und vorhält, dass Rahner nicht weiß, was er schreiben soll. Aber für ihn ist Luise Rinser vor allem

63 Rinser, *Gratwanderung*, S. 288.

die entscheidende Wirklichkeit in seinem Leben. Daher bindet er sein öffentliches Wort an ihr existenzielles, privates. Bereits im Mai 1964 – zehn Monate vor der Anfrage Luise Rinsers – hatte er ihr mitgeteilt, an dem angefangenen Text für sie weiterarbeiten zu wollen. Doch immer neue Arbeit zwingt ihn, das Projekt zur Seite zu legen. Ende Juni 1964 findet er die bereits geschriebenen zwanzig Seiten wieder. Noch bevor sie ihren „großen Vorschlag" macht[64], nimmt Rahner wieder an ihrer Arbeit teil, gibt Ratschläge, schlägt Themen für ihre Aufsätze vor, tröstet sie, baut sie auf, gibt ihr Rückmeldung zu ihren Artikeln, Büchern, ihren Schallplatten, ihrem Film, freut sich über die große Resonanz, die sie in Frankreich erfährt und beginnt schließlich damit, Luise Rinsers Bücher von neuem zu studieren. Er bittet um Zeit und Verständnis für sich und kämpft in erschütternden Briefen um das „Du" seines Lebens. Doch Luise Rinser reagiert bitter, hart, enttäuscht[65], vorwurfsvoll und ungerecht. Als der Fischer Verlag 1967 ein „Werkheft" zu Luise Rinser plant, zeigt sich Rahner dennoch interessiert.

Rahners immer noch lesenswerter, mit Sorgfalt und Bedacht geschriebener, die literarische Kritik geschickt aufgreifender und ausspielender, klug argumentierender Beitrag „Von der Größe und dem Elend des christlichen Schriftstellers" erscheint 1971 in der Festgabe des Fischer Verlages anlässlich Luise Rinsers 60. Geburtstag.[66] Der im Leben

64 Rahner versucht sie für die Erfüllung ihrer Bitte schließlich auch damit zu gewinnen, dass es dabei „um ihre gemeinsame Sache" gehe (22. Oktober 1966). „Es geht mir nicht (zuerst!!) um mich, sondern darum, daß mich die Leute für so ‚berühmt' halten, daß sie mir glauben, was ich ihnen sage, verstehst Du?" (28. Januar 1967). – Wie der Mond von der Sonne will sie von seiner, ihm von *Der Spiegel* zuerkannten Weltberühmtheit profitieren (2. November 1965): „[...] so ein winziger Aufsatz von Dir [hätte] mein Prestige um Zugspitzenhöhe gehoben." (23. Februar 1966).

65 Rinser, *Gratwanderung*, S. 396ff.

66 Karl Rahner: „Von der Größe und dem Elend des christlichen Schriftstel-

schmerzlich erlittene „Verzicht“ wird für Rahner theologisch fruchtbar. Die „Einheit von Gottes und Nächstenliebe“ wird – neben der „radikalen Relativität“ von allem im Hinblick auf das „unbegreifliche Geheimnis“ – das zentrale lebensbedeutsame und -bestimmende theologische Thema Rahners in den verbleibenden Lebensjahren.[67] Enttäuscht von Rahner und der katholischen Kirche[68], die sie nicht wertschätzt, verteidigt und in Schutz nimmt[69], depressiv und von Glaubenszweifeln existenziell angefochten,[70] ist Luise Rinser in diesen Jahren „ungeheuer offen.“ Sie liest interessante religionswissenschaftliche[71] und philosophische Werke, darunter Heidegger, Teilhard de Chardin, Bergson[72] begreift die „Spirale“ als Gesetz der Entwicklung und erkennt, dass alle Religionen „einen winzigen Zipfel der Wahrheit“ beanspruchen können.[73] Sie zweifelt am christlichen „Jenseits“[74],

lers.“ In: *Luise Rinser.* Festschrift zum 60. Geburtstag. Frankfurt am Main 1971, S. 35-46.

67 Rinser, *Gratwanderung*, S. 429f., 441; - Luise Rinser reflektiert ihre diesbezüglichen Erfahrungen und Überzeugungen in *Zölibat und Frau* (Würzburg 1967, S. 43): „Alles in allem: es ist nicht wahr, daß der eine Frau liebende Zölibatär eben kein Zölibatär mehr sei; es ist nicht wahr, daß seine Liebe eo ipso eine gefährliche Neigung sei; es ist nicht wahr, daß die Liebe zu einer Frau in Widerspruch stehe und bringe zur Liebe zu Gott; es ist nicht wahr, daß die ‚Ganzhingabe an den Herrn‘ nicht auch geleistet werden könne zusammen mit einer Frau. Wahr ist, daß es zu allen Zeiten Priester gab, welche die Liebe zu einer Frau lebten, ohne dadurch schlechtere Priester zu werden, sie wurden oft sogar kanonisierte Heilige.“

68 Luise Rinser befürchtet „als wahrer Christ“ nicht mehr kirchlich bleiben zu können und „geistig wenigstens“ „ins Exil gehen“ zu müssen (11. Mai 1965).

69 22. Oktober 1966.

70 Rinser, *Gratwanderung*, S. 213.

71 15. Juni 1963.

72 14. Februar 1964.

73 Rinser, *Gratwanderung*, S. 176.

74 11. Oktober 1965.

interessiert sich für Seelenwanderung, Astrologie und Handlesen und „will bewußt, soweit ich kann, die Leiden der anderen mittragen."[75] Immer wieder erlebt sie „mystische Epiphanien", in denen sie Raum und Zeit, Leere und Fülle und die Einheit von „Geist-Fleisch-Liebe" schauend begreift.[76] 1967 hat sie diese „Glaubenskrise" überwunden und kehrt „vehement" zum Glauben zurück.[77] Im Vorwort zu *Gratwanderung* fasst sie ihren Weg rückblickend zusammen:

„Der Leser wird bald bemerken, daß ich mich nach und nach [...] von veralteten Glaubensvorstellungen löste, so weit löste, daß meine kirchengebundene Religiosität zum Zweifel, zum Agnostizismus führte [...] Aber ich mußte meinen Weg gehen. Er führte mich über meine Befassung mit östlichen Religionen zu einer universellen Religion, in der auch das Christentum seinen Platz hat."[78]

Luise Rinsers zunächst überraschende ‚anlassbezogene Umdeutung' hat daher – auch, wenn sie nicht buchstäblich wahr sein sollte – doch ihre eigene innere Schlüssigkeit und Wahrheit.

Nachdem Luise Rinser ihr Buch über Südkorea[79] an Lama Govinda schickt, antwortet dieser am 22. Oktober 1976:

„Herzlichen Dank für die Übersendung des hochinteressanten Koreabuches! Ich habe es sogleich von ‚cover to cover' gelesen und erfreute mich an ihrer lebendigen und eindrucksvollen Sprache. Die Verhältnisse Koreas sind sehr klar dargestellt, und ich stimme ihrer

75 11. Mai 1965. Dies entspricht dem buddhistischen Bodhisattva-Ideal.

76 Rinser, *Gratwanderung*, S. 219, 231, 245.

77 Rinser, *Gratwanderung*, S. 414.

78 Rinser, *Gratwanderung*, S.13.

79 Luise Rinser: *Wenn die Wale kämpfen. Portrait eines Landes: Südkorea.* Percha am Starnberger See 1976.

Bewunderung für dieses Volk und ihren sonstigen Ansichten ganz bei. So sehr ich die amerikanische Unterstützung der dortigen Diktatur ablehne, so bewundere ich andererseits das ehrliche Freiheitsstreben, das im eigenen Land besteht, wie auch die allgemeine Freundlichkeit und Hilfsbereitschaft der amerikanischen Bevölkerung. Aber vielleicht ist es so, dass die menschliche Natur überall die gleiche ist und das Gute will, aber sobald die Herrschenden den Menschen ihren Willen aufzwingen wollen und sich gegen andere Völker abgrenzen oder diese gar beherrschen wollen, dann beginnt die menschliche Misere […] Heutzutage ist zwar die Produktion gesteigert, aber der Sinn ging verloren, und damit das, was dem Leben seinen Wert gibt."

Am 13. Juli 1977 teilt Luise Rinser dem „verehrten lieben Lama Govinda" mit, dass es sie nicht wundert, dass er ihr das gemeinsam mit Alan Watts geschriebene Buch[80] „gerade jetzt" geschickt habe. Das Buch enthalte die Antwort auf Fragen, die sie kurz zuvor in einem „aus keinem bewußten Grund" nicht abgeschickten Brief an ihn über „das nicht existierende Ich, das einem so viel zu schaffen macht" gestellt habe. Sie räumt ein, dass sie Lama Govinda „noch nicht ganz verstehe" und hofft auf ein persönliches Gespräch am Bodensee, wo sie sich Lesungen wegen ohnehin aufhalten werde. Und sie stellt erneut eine spirituelle Selbstdiagnose:

„Mit einem Teil meines Wesens schwimme ich schmerzvoll im großen Strom, mit dem anderen klammere ich mich ans Ufer. Zur Zeit habe ich das Gefühl, dass das ersehnte Göttliche (ich bin Christin) sich mir entzieht. Ich bin ‚auf dem Weg' […], aber es schieben sich mir

80 Alan Watts, Lama Anagarika Govinda: *Die Kunst der Kontemplation*. Freiburg 1977. Das Buch enthält einen Aufsatz von Alan Watts über Meditation und einen Beitrag Govindas „Alan Watts zum Gedächtnis".

immer Hindernisse in diesen Weg [...] Ich habe zu viel [...] Erkenntnis - - Wahrscheinlich kommen daher meine Anfälle an Depression. Mir fehlt der Schlag des Zen-Meisters."

Damit endet der Briefwechsel. Luise Rinser reiste damals nicht nach Indien und sah Lama Govinda nicht wieder. Obwohl sie längst wusste, dass das *Leben* der eigentliche Lehrermeister ist, Führung sich aus der ‚eigenen' Tiefe *ereignet* und alles Schmerzliche und Peinliche eine Folge von ‚Schlägen' ist, die ihrem Erwachen, ihrer Entwicklung und Befreiung dienen, hatte sie ES noch immer nicht verstanden. *„Sie wissen doch alles selber"* hätte ihr daher auch dies sagen können: Dass noch so bedeutsames *Wissen* das Problem des *Lebens* nicht lösen kann und *leben* der Sinn des Lebens ist.

Zu den frühen dichterischen Hervorbringungen, die Luise Rinser „in einem Anfall von Aufräumsucht"[81] weggeworfen und verbrannt hat, gehört die Erzählung *Auf dem Dach der Welt*.

„Eine Gruppe junger Menschen verläßt angewidert die bürgerliche Welt und gründet im Himalaya eine Kommune, die zugleich sozialistisch und religiöse monastisch war. Wie mir derlei einfallen konnte, weiß ich nicht. Ich hatte nichts dergleichen gelesen. Aber ich hatte etwas antizipiert." [82]

Das „Östliche" *scheint* ihr angeboren, eingeschrieben, von fern her als Herkunft und Zukunft bestimmt. Was aber bedeutet für Luise Rinser „das Östliche"? In ihrem Vortrag „Hesse und Indien" führte sie 1978 dazu aus:

81 Luise Rinser: „Versuch über mich selbst" (1967). (Manuskript, DLA Marbach, Mediennummer HS001334556).

82 Luise Rinser in: Hans Daibler (Hrsg.): *Wie ich anfing. 24 Autoren berichten von ihren Anfängen*. Düsseldorf 1979.

„Indien, das ist die Chiffre für unsere Sehnsucht nach Befreiung vom Materialismus, Individualismus, Aggression, Intellektualismus – in einem Wort: die Erlösung des Westens durch den Osten."

Die Dichtungen Hermann Hesses öffneten ihr auf Anregung Heinrich Kaminskis 1935 das „Tor zum Osten". Hesse wurde ihr zum „Wächter unseres Gewissens, der Mahner, Warner, Führer".

„Es scheint, dass Hesse im Vorhof des Samadhi-Erlebnisses stand. Wir hören in seinem ganzen Werk nichts weiter darüber, was dafür spräche, dass er eintrat ins Geheimnis. Aber wie auch immer: er hat begriffen, worum es geht, nämlich um das Erlebnis der Einheit des Ganzen, des Seienden mit dem Sein."

Rinser zählt sich zu den Menschen, die „mit Hilfe des Ostens (...) das Christentum neu sehen und schätzen gelernt" haben.

„Aber haben wir nicht in unserer eigenen Religion, der christlichen, deutliche Aussagen darüber, was es mit diesem unserem Ich für eine Bewandtnis hat? (...) Aber wir hören nicht gut zu. Auf dem Umweg über den fernen Osten, wie gesagt, lernen wir solche Aussagen neu versehen, mit freudigem Erschrecken."

Auf diesem Weg „lebendig gelebten Lebens", auf dem man „seine Seele – das heißt sein Ich – verliert" um es zu gewinnen, gibt es „Polaritäten, aber keine Widersprüche, denn das scheinbar Widersprüchliche ist nur der notwendige andere Pol. Alle Widersprüche lösen sich auf im Ganzen." „In diesem Augenblick ereignet sich wohl das, was man im Buddhismus Samadhi, im Zenbuddhismus Satori nennt, in der christlichen Mystik die „Schau", in der alle Theologie, alles Denken, alles individuelle Ichsein ausgelöscht wird (...) ES IST. Das genügt. Das ist ALLES."

In *Zum Begriff der Mitte*[83] finden sich weitere Sätze und Hinweise, die zum Kern ihres Denkens und Glaubens gehören und Spur ihrer „erlesenen" Erfahrungen sind:

„Was unten ist, das ist auch oben, was außen ist, das ist auch innen" (Comenius). - „Coincidentia oppositorum" (Nicolaus von Cues): der Zusammenfall der Gegensätze in Gott." – „Die personale Mitte ist die Mitte des Universums und wird als solche und als Seligkeit erfahren." – „Jedenfalls ist der Kompass meiner Existenz auf die unveränderliche Mitte gerichtet, die sich mir als Liebe offenbart." – „Aber der Weltgeist denkt unablässig in uns. Dieses Denken des Weltgeistes erfahren wir als geheimnisvolle Führung."

In dem „Lebensweg" überschriebenen kurzen biografischen Rückblick, der eine Veröffentlichung des Fischer Verlages zu ihrem 65. Geburtstag einleitet,[84] bedauert sie noch einmal, dass „niemand da war, der mich führte." Sie verweist auf den „Gedanken des Aufstiegs in einem individuell-moralischen und einem anthropologisch-theologischen Sinne," der DIE Thematik ihrer Existenz sei. Ihr, „unter dem Zeichen Plotins" begonnenes Philosophieren habe sie gelehrt, „das Denken als mäßig brauchbar für das Erkennen zu halten."

„Im Zentrum des Zentrums meines Wesens sitzt ein uraltes Wissen, von einem Lotosblatt umschlossen. Das Blatt öffnet sich hin und wieder und keineswegs nach Gebrauch einer Droge, sondern auf alten legalen Wegen. Dann geschieht eine Epiphanie. Ich WEISS GOTT."

83 Das handschriftliche Manuskript befindet sich Deutschen Literaturarchiv Marbach.

84 Luise Rinser: „Lebensweg." In: *Luise Rinser. Zu ihrem 65. Geburtstag*. Frankfurt am Main 1976, S. 7-20.

Was wir für Widersprüche halten „ist nur die Folge unserer dummen Versteifung auf bestimmte Denkkategorien, die wir nicht als bloße Hilfskonstruktionen von vor- und beiläufigem Wert erkennen: Zeit, Raum, Ursache, Zweck, Bestimmung, Freiheit, Vorsehung. Wollten wir uns entscheiden, sie fallen zu lassen, fielen die Widersprüche, die nicht real sind, sondern nur in unserem Bewusstsein. ‚Ich glaube an Gott' heißt dann: Ich glaube an das Zusammenfallen aller Gegensätze in der großen Einheit. Das ist mein Credo [...] Es heißt: alles IST und ist SINNVOLL."

In *Wenn die Wale kämpfen* fasst sie 1976 ihr in Südkorea erworbenes „östliches Wissen" wie folgt zusammen:

„YANG und YIN sind die beiden Prinzipien des Lebens, die beiden Pole, zwischen denen alles Seiende liegt und sich bewegt. Alles, was ist, ist entweder das eine oder das andere, aber keines kann sein ohne das andere, und nur durch das andere wird es zu dem, was es ist, und es IST nur, wenn es mit dem andern ist und EINS mit ihm ist.[85] [...] In der westlichen Philosophie haben wir dieselbe Erkenntnis: der Philosoph Cusanus (15. Jahrhundert) sprach von der *coincidentia oppositorum,* dem Zusammenfallen der Gegensätze in dem EINEN, das er GOTT nannte. [...] 'Was oben ist, das ist auch unten, was innen ist, das ist auch außen, dem Makrokosmus entspricht der Mikrokosmos.' Das könnte ein taoistischer Satz sein, aber er stammt von dem europäischen Philosophen Comenius (16. Jahrhundert). Die großen Erkennt-

85 In *Zölibat und Frau* finden sich einige dieser „paradoxen" Wahrheiten: „[...] 'das Übernatürliche' [...], welches das Eigentlich-Menschliche ist." - „Der Mensch kommt zu Gott nur durch den Menschen." - „Gott ist nicht außerhalb der Schöpfung, sondern in ihr." - „Ich liebe dich, meine Geliebte, aber du könntest mir nicht genügen, liebte ich nicht Gott in dir und in unserer Liebe. Was in dir mich stillt, bist du als diejenige, in der Gott sich inkarniert." (S. 26-32).

nisse aus dem Osten treffen sich mit denen aus dem Westen, wenn diese tief genug gehen."[86]

Und dies Wissen ist ihr so wesentlich, dass sie es auch Ihrem Tagebuch *Kriegsspielzeug* (1978) noch einmal eigens voranstellt, in dem sie ihre Begegnung mit Lama Govinda beschreibt:

„Ying und Yang sind die Grundprinzipien des Lebens [...] Aber: keines kann sein, was es ist, ohne daß das andere wäre [...] Eines ist nur durch das andere, was es ist [...] Es gibt nur Polaritäten. Mit Ausdrücken der westlichen Philosophie gesprochen: es gibt nur Dialektik [...] Alles, was ist, ist in unaufhörlicher Bewegung, alles fließt [...] Das ist die Lehre des TAO [...] Es ist aber auch die Lehre der Vorsokratiker, es ist auch die Lehre des Christus Jesus."[87]

„Sie wissen doch alles selber..." – Was hätte Lama Govinda in Rom *Treffenderes* sagen können als diesen, mit Sinn und Be-Deutungen aufgeladenen, wahren und wirk-lichen Satz?

86 Rinser, *Wenn die Wale kämpfen*, S. 12-14.

87 Rinser, *Kriegsspielzeug*, S. 7-8.

Luise Rinser (1973)

Lama Govinda als Gast

Vor fast zehn Jahren las ich das Buch „Antwort der Religionen." Der Initiator und Herausgeber Gerhard Szczesny stellte an je einen bedeutenden Vertreter der großen Religionen eine Reihe von Fragen. Ich greife einige heraus, dabei den Originaltext etwas verkürzend und vereinfachend: Was ist die „Seele", was bedeutet „Unsterblichkeit" des Menschen, worin besteht „das Heil" des Menschen, welche Bedeutung haben Glück und Leiden für die Entwicklung des Menschen, ist die Geschichte der Menschheit zugleich eine Geschichte des Fortschritts, enthalten alle Religionen Wahrheit, kann es einmal eine einzige Religion geben, gibt es eine Ethik unabhängig von Religion, hat der Staat eine Aufgabe gegenüber der Religion und den Religionen, wie verhalten sich Religion und Politik zueinander? Lauter Fragen, die uns alle angehen und die unmittelbar aktuell sind.

Auf diese Fragen antworteten sieben Menschen: für das Judentum Kurt Wilhelm, für den Islam M. Asad, für den Hinduismus Bon Maharaj, für den Protestantismus Ernst Wolf, für den Katholizismus Karl Rahner (als Vertreter der älteren Theologengeneration,) und J. B. Metz (als Vertreter der jüngeren). Für den Buddhismus antwortete Anagarika Govinda.

Ich wußte nicht, wer dieser Govinda ist, aber seine Antworten waren diejenigen, die mir (obgleich ich katholisch bin und mich viele Jahre mit Theologie beschäftigt habe) den tiefsten Eindruck machten und die mir so entsprachen, als kämen sie aus mir selbst. Nicht als wären sie mir inhaltlich ganz neu gewesen – ich lese seit fast vierzig Jahren in den Schriften des fernen Ostens. Aber die Art, in der dieser Govinda dachte und schrieb, war so klar, so nüchtern und so genau, daß es mich geradezu entzückte, - ich finde keinen besseren Ausdruck dafür. Ich dachte auch, daß dieser Mann gewiß (wie andere Inder) in Europa Philosophie studiert habe. Seine Sprache und die ihr zugrundeliegende Denkmethode waren europäisch. Mit dieser Methode kann er uns Europäern schwierigste östliche Inhalte nahebringen, ohne sie unerlaubt zu vereinfachen und ohne tiefe Geheimnisse zu bloßer „Lebensphilosophie" zu verdünnen. Ich dachte: Was für eine glückliche Verbindung von östlicher und westlicher Bildung!

Später las ich hier und dort Aufsätze von A. Govinda, so auch das Vorwort zu dem Buch „Meditations-Sutras", zu dem A. Govinda auch die Vignette auf dem Umschlag zeichnete: die Verbindung des Yin- und Yangzeichens, - die nämliche Zeichnung, die ich Jahre später als Schmuck und Würde-Abzeichen an einer Kette am Halse Govindas wiedersah.

1972 baten mich Bekannte, A. Govinda und seine Frau für einige Tage in meinem Hause bei Rom zu beherbergen. Ich war natürlich gerne bereit, hatte aber einige Sorge, wie man denn einen „Lama", einen buddhistischen Mönch, und seine Frau, eine buddhistische Nonne, bewirten müsse. Ich dachte, sie hätten bestimmte Gewohnheiten, die sie streng einhalten müßten.

Ich holte die Beiden vom Bahnhof in Rom ab. Sie standen nicht wie verabredet am Kopf des Zuges, sondern inmitten eines kleinen Volksauflaufs am Ende, umgeben von Kofferbergen. Man hatte mir gesagt, ich würde den Lama an seiner spitzen Kopfbedeckung erkennen. Er trug sie nicht, aber seine Kleidung war auffallend genug, er und seine Frau trugen violette lange Gewänder mit gelben Umhängen und dem großen Yin- und Yangzeichen auf der Brust. Der Lama sah aus wie ein Chinese auf alten chinesischen Bildrollen, klein und zart mit einem schütteren langen Spitzbart. Seine Frau konnte für eine Inderin oder Pakistanin gelten. Beide sprachen Englisch, aber ich merkte bald, daß der Lama sehr gut Deutsch verstand, was kein Wunder war, wie ich bald erfuhr. Ich war froh, als wir alle Koffer im Auto verstaut hatten. Die Koffer waren ungewöhnlich schwer, sie waren voller Bücher, die der Lama von seiner zwei Jahre dauernden Reise (Rom war die vorletzte Station) nachhause, nach Indien, bringen wollte.

Meine Sorge, die beiden würden fremde Sitten haben und unerfüllbare Wünsche, war unbegründet. Ich habe nie „normalere" Gäste aus fremden Ländern gehabt. Sie waren bescheiden, freundlich, heiter, und sie aßen alles außer - Fleisch, das ich ihnen natürlich ohnehin nicht anbot. Aber sie hätten auch das gegessen, um die Gastgeberin nicht zu kränken. Sie benahmen sich nicht „asketisch", sondern freuten sich am guten Tee, am italienischen Käse und an einer besonderen Art von Kirschkonfitüre, die ich ihnen vorsetzte.

Ich hatte nichts Sensationelles erwartet, aber mir doch vorgenommen, einige Fragen zu stellen, meinen geistigen Weg betreffend. Ich deutete dergleichen an, aber A. Govinda sagte lächelnd: „Sie wissen doch alles selber." Da er es sagte, schien es auch mir so zu sein. Wir sprachen also lieber über Kunst, vor allem über Malerei, denn der Lama ist auch

Maler, er hat Malen gelernt an der Kunstakademie, welche der Sohn des einst in Europa sehr berühmten Dichters Rabindranath Tagore in Indien leitete. Dort hat der Lama übrigens seine Frau kennengelernt; auch sie ist Malerin. Sie ist auch Photographin und wird demnächst einen Band Photographien herausbringen, einen Band, der außerordentlichen Wert haben wird: er enthält Photos von den tibetischen Heiligtümern, welche von den Chinesen seinerzeit zerstört wurden. Der Lama zeigte mir einige seiner Aquarelle, Bilder aus Indien, genau gesagt von der Gegend an der indisch-tibetischen Grenze, wo er mit seiner Frau in einem ganz primitiven Haus in großer Höhe, im Angesicht des Himalaya, sechs Kilometer von der nächsten Siedlung entfernt, lebt und arbeitet.

Da ich einige Tage später verreisen mußte, die Beiden aber noch kurze Zeit in Rom selbst bleiben wollten, brachte ich sie in einem Hotel dort unter. Beim Abschied umarmten mich die Beiden und schenkten mir zwei alte silberne tibetische Löffelehen mit Glückssteinen und einen Anhänger, ebenfalls mit einem Glücksstein, für die Autoschlüssel.

Das ist alles, was ich zu berichten habe. Wenn nun jemand denkt, daß sei ein spärliches Ergebnis einer Begegnung mit einem Weisen des Ostens, so hat er recht. Aber er hat auch nicht recht. Der Lama sagte mir, er fühle sich wohl in meinem Hause, es habe eine so gute Atmosphäre. Das bedeutet, daß es keiner Sensationen und keiner besonders tiefen Gespräche bedurfte. Es gibt eine Art von Zusammensein, bei der eben das Zusammensein an sich DIE Begegnung ist. Wir waren gerne zusammen.

Als unwichtig, aber doch einer Erwähnung wert, kann noch eine biographische Notiz des Lama angefügt werden: ich sah seinen indischen Paß, in dem neben seinem heutigen Namen ein deutscher Name steht und ein deutscher Geburtsort: der Lama ist Deutscher, Sachse, er hat die tiefliegenden klaren blauen Augen derer aus dem Erzgebirge. Der junge Sachse ist von zuhause fortgegangen, von etwas getrieben, was ihm als Fernweh erschien. Es führte ihn zuerst nach Italien, auf die Insel Capri, dann weiter und weiter bis nach Indien, wo er schließlich erkannte, daß er sein Ziel erreicht hatte. Es ist, ich sagte es, also kein Wunder, wenn uns die Art, mit der uns A. Govinda östliche Weisheit nahebringt, vertraut erscheint.

Luise Rinser (1978)[1]

Besuch aus Tibet

Wie verabredet, stehe ich an der Stazione Termini an der Zugspitze. Schon ist der Bahnsteig fast leer, da sehe ich weit draußen einen kleinen Volksauflauf. Das müssen »sie« sein. Sie sind es: umgeben von zwölf großen Koffern (voller Bücher, wie ich sogleich erfahre) und von einer sonderbar schweigenden, faszinierten Menge Neugieriger. In Rom ist man an Exotisches gewöhnt, aber meine beiden Tibetaner sind schon etwas Besonderes, Nie-Gesehenes, sehr Fremdes; sie tragen ihre buddhistische Mönchstracht, der Mann und die Frau: das lange violett-und-gelbe Gewand, den spitzen Hut, die Kette mit dem großen Anhänger, mit einem mantrischen Symbol. Der Mann ist der Lama Anagarika Govinda, die Frau ist Li, seine Ehefrau, auch sie buddhistische Nonne, und Malerin. Ich kenne seit langem einige seiner Bücher über tibetanische Weisheit. Er hat in seiner international höchst gemischten Ahnenreihe einen deutschen Großvater, er ist in Deutschland geboren, spricht fließend Deutsch, schreibt Deutsch und Englisch, hat in Italien Kunstgeschichte, Philosophie und Archäologie studiert und ging als junger Mann nach Indien, dann nach Tibet, das

1 Luise Rinser, *Kriegsspielzeug*. Tagebuch 1972-1978. © S. Fischer Verlag GmbH, Frankfurt am Main 1978. Mit freundlicher Genehmigung der S. Fischer Verlag GmbH, Frankfurt am Main.

durchstreifte er mit seiner Frau jahrzehntelang, wohnte in Felsklöstern, traf alte Weise und schließlich seinen großen Guru, Tomo Géscheé Rimpotsché, dessen Schüler er viele Jahre lang war und der, vor Maos Revolution die Zerstörung der tibetanischen Klosterschätze und der gesamten uralten, noch immer frisch lebendigen tibetanischen Kultur, voraussagte. Er sagte auch, es sei an der Zeit, die tibetanische Weisheitslehre in der Welt zu verbreiten zur Rettung der Menschen

Mein Gast reist also, gehorsam seinem Guru und eigener Bestimmung, in Amerika und Europa und spricht über das, was mitteilbar ist von der hohen Lehre. Er ist keiner der zweifelhaften Gurus und Maharishis, die tatsächlich unwissend sind und uneingeweiht. Er ist ein gründlich westlich-philosophisch gebildeter Intellektueller und dazu ein echter Eingeweihter, das ist sicher.

Die beiden sind für einige Tage meine Gäste, ehe sie wieder heimreisen nach Indien, wo sie wohnen seit der Vertreibung aus Tibet. Sie hausen auf, ich glaube, fast dreitausend Meter Höhe, ganz einsam im Felsgebirge, ich sah die Bilder, die Li davon malte. Der Ashram liegt viel tiefer. Nachts schleichen die Bergtiger ums Haus. (Bei ihrem Besuch hier wissen meine Gäste noch nicht, daß ihr Haus inzwischen von Stürmen niedergerissen ist, sie werden ihre Bücher und wenigen Habseligkeiten unter Steintrümmern suchen müssen. Doch auch wenn sie es jetzt wüssten, es würde sie nicht stören.)

Ich habe so meine Vorstellungen von einem tibetischen Lama und großen östlichen Weisen gehegt, und ich habe natürlich etwas für mich erwartet: ein Mantra aus seinem Mund, eine Lehre, eine Erleuchtungshilfe. Aber ich habe mir streng befohlen, ihn nichts zu fragen und um nichts zu bitten. Er soll sich hier erholen. So verlaufen denn die Tage heiter-freundlich mit Gesprächen, wie sie intelligente, gebildete Leute führen: über Kunst, über Rabindranath Tagore, den sie noch kannten und bei dessen Sohn Li Malerei studierte, wir reden auch über Politik und über das neue China. Nichts Außerordentliches geschieht. Ich beschränke mich darauf, sie in der Landschaft herumzufahren und ihnen ein Essen zu bereiten, das sie mögen: sie sind Vegetarier, das weiß ich, aber sie sagen, sie essen auch Fleisch, wenn sie zu Gast sind, es sei wichtiger, Gastgebern eine Freude zu machen, als auf rituellen Grundsätzen zu bestehen. Sie sind keine Asketen, darüber sind sie hinaus, sie lieben das Leben, sie lieben das Schöne, sie essen mit Vergnügen, am liebsten trinken sie starken Tee und essen dazu Brot mit Käse und meiner selbsteingemachten Kirschenmarmelade. So vergehen die Tage und ich bin ein wenig enttäuscht. Am letzten Abend sind er und ich eine Weile allein, und nun sage ich doch, was ich nicht wollte: „Bitte geben sie mir ein Mantra, und sagen Sie mir etwas über meinen Weg." Er schaut mich gütig an: „Ihren Weg kennen Sie selber, und das Mantra müssen sie selber finden, und Sie können es finden, Sie wissen alles selbst." Ich protestiere, denn: Was weiß ich? Er wiederholt: „Doch, Sie wissen alles. Sie müssen es nur wachsen und kommen lassen." Und schon ist der Augenblick vorüber, wir reden von der morgigen Abfahrt. Und dann sind sie fort. Auch ich muß verreisen. Als ich zurückkomme, fühle ich: es hat sich etwas verändert im Haus; Mit den Tibetanern ist etwas eingetreten, und es ist erkannt und begrüßt und aufgenommen worden von etwas, das schon vorher hier anwesend war, aber wie schlafend. Der Lama hatte es gespürt oder gesehen. Bei seinem ersten Schritt in mein Haus war er auf der Schwelle überrascht stehen geblieben, hatte still witternd eine zarte Spur aufgenommen und gelächelt: „Hier", sagte er, „sind gute Geister anwesend." Aber auch mit mir ist etwas geschehen: ich habe zwar nicht den ersehnten Guru gefunden (der Lama hatte auf meine Frage danach gesagt: „Sie brauchen keinen", und ich dachte:

„Er hat recht: Ist nicht der Meister des Evangeliums Guru genug?"); aber ich habe einen geistesmächtigen Freund gefunden, der mich aus der Ferne leise lenkt. Wir schreiben uns selten, aber ich fühle, daß er jeden meiner stummen Anrufe aufnimmt und stumm beantwortet. Er hat mir viel Gutes getan: er hat mich über die harte, hohe Ich-Schwelle getragen. Beim Abschied hatten mir die beiden zwei sehr alte tibetanische Silberlöffelchen geschenkt.

Anagarika Govinda und Luise Rinser

Briefwechsel

Kasar Devi Ashram, P.O. DINAPANI (Dist. Almora)
Kumaon Himalaya, U.P. India; d. 6. Mai 1973

Sehr verehrte, liebe Frau Rinser!

Die neue Auflage meines Buches „Der Weg der Weissen Wolken" ist nun endlich herausgekommen, und ich hoffe, dass das Ihnen zugedachte Exemplar dieses Buches, Ihnen vom Verlag (Otto-Wilhelm-Barth-Verlag, Weilheim/Obb.) inzwischen zugesandt wurde. Ich hatte das Buch gleich nach unserer Ankunft hier bestellt, aber da die alte Auflage bereits vergriffen war, konnte mein Auftrag erst jetzt ausgeführt werden.

Wir haben oft an die schönen Tage, die wir bei Ihnen in Rom und in Ihrem entzückenden Heim verbrachten, zurückgedacht. Das Ungeplante und Unerwartete unserer Begegnung und unseres Kennenlernens hatte etwas von der Wunderbarkeit eines Märchens an sich. Wie eine gute Fee erschienen Sie in dem lärmenden Großstadtgewühl des Weltstadtbahnhofs und entführten uns auf Ihren Zauberberg mit dem schweigenden Kratersee und der grossen Stille der Natur und Ihres lieblichen Gartens. Es war ein wundervolles Intermezzo zwischen der vom klassischen Altertum geprägten Kultur Europas und der wilden Ursprünglichkeit Südafrikas, in der noch etwas Urweltliches in unsere Zeit hineinragt, das zu assimilieren dem modernen Menschen nie gelingen wird – es sei denn, dass er selbst einer völligen Bewusstseinswandlung fähig wäre, um sich mit der seelischen Haltung primitiven (aber gefühlsmässig hochentwickelten) Menschentums anpassen zu können.

Und nun sitzen wir wieder auf unserem Berge, im Angesicht der gewaltigen Himalaya-Kette, deren Gipfel bis in den Himmel reichen und hoffentlich nicht so schnell entgöttert werden wie die Berge der Schweiz oder U.S., auf denen es statt der Götter nur noch Gaststätten gibt. Wir gedenken in Dankbarkeit aller der lieben Menschen, denen wir auf unserer Weltreise begegnen durften, und dazu gehören vor allem Sie, deren Gastfreundschaft ein ebenso unerwartetes wie erfreuliches Geschenk für uns war.

Nochmals von Herzen tausend Dank und innigste gute Wünsche von uns Beiden

Lama Govinda

26 – 5 – 73

Lieber verehrter Lama Govinda, ich war sehr überrascht, von Ihnen nicht nur Ihr Buch, sondern auch einen Brief zu bekommen, einen so langen. Ich danke Ihnen. Von diesem Buch habe ich schon gehört, ich habe viele Bücher aus dem Barth Verlag, weil ich den Verleger Werle und Frau von Mangoldt persönlich gut kenne; aber ich habe dieses, Ihr Buch nicht. Ich habe es zur Hälfte gelesen, und bin voller Sehnsucht nach Tibet (wobei „Tibet“ ja nicht nur eine geographische

Landschaft ist; vielleicht kann ich es in mir selber finden!) Aber ich weiß jetzt auch, dass ich unbedingt nach Indien fahren will. Ich träumte vor Jahrzehnten: ich bin in einer dünnen Hülle eingeschlossen, etwas wie Seide oder Zellophan, durchsichtig, und eine Stimme sagt: „So wenig nur trennt dich von…". Aber wovon, das sagte die Stimme nicht. Nun: ich fühle, dass ich nahe am Geheimnis bin, aber ich komme nicht durch; vermutlich hänge ich noch zu sehr an meinem Ich, und das hindert mich am Erkennen. Ich bin auch als Schriftstellerin ehrgeizig und leide daran, dass ichs bin. Wie komme ich darüber hinweg? Wie stoße ich denn durch zum Eigentlichen? Ich habe keinen anderen Wunsch mehr als den: durchzustoßen oder vielmehr herausgerissen zu werden, hochgehoben, meines schieren Ich entledigt. Ich brauche dazu einen Helfer, einen Guru, oder bescheidener gesagt: eines „Klugen" Worte. Könnten Sie mir ein Mantra geben, das mir hilft? Oder können Sie mir sonst helfen? - Ich muss so vielen Menschen helfen in Briefen; Arbeiterinnen u. Leute von hohem Rang schreiben mir, aber ich selber bin noch nicht dort, wo ich sein sollte. Sie sollten meinen „Zauberberg" jetzt sehen: alle Rosen blühen! – Aber so schön wie Ihr Himalaya und jener blaue See ists nicht. Sie bringen traumhaft schöne Schilderungen. Übrigens trifft eine Ihrer Meinungen, welche die buddhistische Welt angeht, genau die meine, welche die christliche angeht: kein Dogmatisieren hilft, sondern Riten, Bilder, Ausstrahlungen. Das aber ist beinahe das Todesurteil über die katholische und evangelische Theologie. Wir brauchen wieder Symbole, Bilder, vorgelebte Gläubigkeit und Heiligkeit.

Ich bekomme viele kostbare Antriebe durch Ihr Buch.
Wie gerne käme ich nach Indien u. auch in Ihre Nähe.

Grüssen Sie Ihre liebe Frau von mir!

Eines Ihrer beiden Löffelchen schenkte ich C.F. Weizäcker, er wollte mir ein Freund werden, aber seine Frau ist leider entsetzlich eifersüchtig, dass sie uns kein Wiedersehen erlaubt. Was tun...

Ich bitte Sie um Ihre helfenden Gedanken.

Ihre Luise Rinser

P.S. Ich hoffte, die Adresse von Frau Mathew genau zu erfahren; ich bin nicht ganz sicher, ob die mir am Telefon einst gegebene stimmt: Via Portagruaro 5. Da jetzt Sonnabend ist u. ich morgen früh für 14 Tage verreise, kann ich nicht dort anrufen, um mich zu vergewissern. Sonnabend ist niemand zu Hause. Ich hoffe aber, die Adresse stimmt, ich habe eine leise Erinnerung daran. Mit Basedows habe ich nach einer bestürzenden Erfahrung keine Verbindung mehr u. und kann sie also nicht fragen.

Kasar Devi Ashram, P.O. DINAPANI (Dist. Almora)

Kumaon Himalaya, U.P. India; d. 19. Juli 1973

Sehr verehrte, liebe Frau Rinser!

Welche Überraschung, in der Festschrift zu meinem 75. Geburtstag, Ihren so liebenswürdigen und humorvollen Beitrag vorzufinden! Seien Sie herzlich bedankt für Ihre freundlichen Worte. Ich bin zwar meiner Abstammung nach kein „blauäugiger Sachse aus dem Erzgebirge", meine Eltern waren selbst als Fremde dorthin gekommen, und ich wuchs auch nicht dort auf, - aber das tut der Sache ja keinen Abbruch, und ich erwähne das nur zu Ihrer privaten Information.

Auch mein deutscher Name befindet sich nicht, wie Sie annehmen in meinem Pass, sondern nur der Geburtsort. Unser logisches, bzw. schlussfolgerndes Denken, spielt uns manchmal einen Streich, indem es das tatsächlich Beobachtete verdrängt und überlagert. So haben Sie z.B. recht in der Beobachtung, dass wir das gleiche Emblem tragen, das Sie in einem meiner Bücher gesehen haben, aber es enthält nicht das Yin-Yang-Zeichen (wie auf meinem Briefpapier) im Zentrum, sondern ein mantrisches Symbol, umrahmt von einem Doppelvajra, der das Hauptmotiv bildet. Augenscheinlich hat dieses Symbol viele Menschen sehr beeindruckt, denn es taucht plötzlich überall in den Vereinigten Staaten in unzähligen Nachahmungen in Druckschriften, Büchern und als Schmuckstücke (Anhänger) auf – sehr zu unserem Bedauern, denn die Leute haben nicht die geringste Ahnung, dass dies ein religiöses Symbol ist, das (so wie das christliche Kreuz) nur von denen getragen werden sollte, die sich zu der Weltanschauung bekennen, aus der dieses Symbol hervorgegangen ist, oder die, wie in unserem Falle, einem Orden angehören, der durch dieses Symbol gekennzeichnet wird.

Es war mir eine Freude, Ihren lieben Brief vom 26.5. zu erhalten, und wenn ich Ihnen erst heute dafür danke, so hat dies seinen Grund in meiner Unfähigkeit mit einer ständig wachsenden Korrespondenz und den laufenden Anforderungen meiner Verleger in Europa und Amerika Schritt zu halten. Dazu kommen die vielen Besucher, die aus allen Teilen der Welt auf uns zuströmen, obwohl wir unter den primitiven Verhältnissen unserer Bergeinsamkeit keinerlei Unterkunftsmöglichkeiten hier haben, und nur sehr beschränkte Zeit für Interviews oder bloss gesellschaftliche Unterhaltungen aufbringen können.

Ich wünschte, ich könnte Ihnen Ihre Frage nach einem Mantra positiv beantworten. Aber da ich weiss, dass Sie ein tief empfindender und religiöser Mensch sind, möchte ich Sie nicht mit einer nur intellektuell befriedigenden Antwort abspeisen. Ein Mantra muss aus der Tiefe des Herzens aufsteigen, um lebendigen Wert zu haben, gleichgültig, ob es ein vom Guru gegebenes oder ein spontan im Tschela verwirklichtes Mantra ist. In beiden Fällen muss ein lebendiger, d. h. erlebnismässiger Zusammenhang zwischen Guru und Tschela, wie zwischen Tschela und dem mantrischen Symbol bestehen. Dieser Zusammenhang wird durch den Akt der Initiation hergestellt, was leider nicht brieflich geschehen kann, sondern nur in persönlichem Kontakt und nach sorgfältiger geistiger Vorbereitung und innerer Abstimmung. – Ich weiss, dass heutzutage allerhand indische ‚self-styled' Gurus in den westlichen Ländern umherziehen und unterschiedslos Mantras an leichtgläubige und Ahnungslose verteilen – und das obendrein gegen gute Bezahlung. So etwas kann nur zu einer völligen Entwertung aller religiösen und geistigen Tradition führen, zu einer Degradierung des Glaubens (faith) zum Aberglauben. – Gehen Sie unbeirrt Ihren inneren Weg und vertrauen Sie der Weisheit Ihres Herzens. Das ist, was ich meinte, wenn ich sagte: „Sie wissen doch alles selber." Unsere Wege werden einander treffen. Sie dürfen sich unserer freundschaftlichen und helfenden Gedanken stets sicher sein. – Mit herzlichen Grüssen und allen guten Wünschen, auch von Li,

stets Ihr Lama Govinda

Vielen Dank f. Mrs. Matthews Adresse.

Auch ich habe nichts mehr von Basedow gehört. Man muss bei ihm immer auf Überraschungen gefaßt sein. Wenn ich recht verstanden habe, wollte er mit Ihnen zusammen ein Buch über die Astronauten schreiben. Was ist daraus geworden?

31. Dezember 1973

Sehr geehrte, Liebe Frau Rinser!

Ich war gerade im Begriff, Ihnen diesen Neujahrsgruß zu schicken, als Ihr lieber Brief vom 6. 12. ankam. Sie waren seit Tagen in meinen Gedanken und wie so oft habe ich wohl gespürt, daß Sie mir innerlich nahe waren. Ob ich Ihnen ein Helfer auf Ihrem inneren Weg sein kann, wage ich nicht zu entscheiden. Ich kann nur sagen, daß ich Ihnen oft nahe bin und daß ich unsere Begegnung als mehr als einen bloßen Zufall halte. Jeder Augenblick der zwei Tage unseres Zusammenseins steht mir lebhaft vor Augen.

Werner Heisenbergs Ausspruch über Materie und Geist, den Sie zitieren, erinnert mich an eine ähnliche Definition in einem Buch von Marie-L[o]uise von Franz „Zahl u. Zeit", in dem es heißt: „Es sieht so aus, als ob Materie und Psyche nur die Außenansicht und die Innenansicht derselben bewußtseinstranszendenten Wirklichkeit wären, denn die ‚letzten' Bestandteile der Materie stellen sich unserem Bewußtsein in ähnlichen Gestaltungen dar wie die ‚letzten' Urgründe des Inneren." (Letztere nennt sie „kollektive Unbewußte" entsprechend der Jungschen Terminologie[,] die mir – so sehr ich Jungs Psychologie schätze – völlig verfehlt erscheint; denn es handelt sich ja nicht um etwas bloß zusammengesammeltes „kollektives", sondern um ein integrales, ja universelles „Überbewußtsein".) In den Urgründen des Inneren erleben wir das Göttliche, das Tao, das Unaussprechliche, die tiefste Wirklichkeit, den stets gegenwärtigen Ursprung. – Mit herzlichen Glückwünschen zum Neuen Jahr, auch von Li,

Ihr Lama Govinda

6 – 7 – 74

Verehrter lieber Lama Govinda, Ende März war ich ganz nahe bei Ihnen, nämlich in Delhi, aber nur auf der Durchreise, 2 Tage, ich flog mit meinem ältesten Sohn nach Indonesien, um auf einer Lepra-Insel Studien zu machen. Schon in diesen wenigen Tagen (trotz der Slums, die wir sahen) fasziniert mich Indien. Ich wieder-erkannte es, als ich, aus dem Flugzeug steigend, übernächtigt und müde, um 6 Uhr früh an dem unschönen Flughafen ankam. Ich roch Indien – u. war zuhause. Seither ists mir klar: Ich sehne mich danach, in Ihre Nähe zu kommen. Ich bin jetzt 63 Jahre alt und ins letzte Drittel meines Lebens eingetreten. Ich möchte eine neue „Reise nach Innen" machen. Ich ahne so viel, und ich kann noch nicht „durch-brechen". Vielleicht soll ich aber gar nichts wollen und einfach die Ansprüche des Tages erfüllen und warten, bis der „Herr des Alls" von sich aus mich an sich zieht. Jedenfalls fällt Stück um Stück des äusserlichen Treibens von mir ab, auch wenn ich „ganz normal" lebe. Bisweilen schaue ich mich und alles „von der anderen Seite her" an, als sei ich schon „drüben". Ich hab für alles, was ich lebe, einen sicheren Maßstab: was [illegible]n mehr (stärker)[1] lieben macht (Menschen, Erde, Kosmos, All) ist richtig. – Ich hoffe, Sie haben trotz der chaotischen italienischen Post, meinen Dankbrief für das schöne Buch „Weg der weißen Wolke" bekommen. Vorsichtshalber wiederhole ich meinen herzlichen Dank. - Glauben Sie, dass „Liebe" mein Mantra ist?" Ob Jesus Christus mein Guru ist? Bisweilen stelle ich mir aber solche Fragen schon nicht mehr. Dann „bin ich, die ich bin", nämlich Ich und Nicht-Ich gleicherweise. Ich schreibe dieses Jahr 3 Bücher, einen Roman, einen Bericht über die Lepra-Insel u. ein Buch anlässlich der Ölkrise über meine Haltung zum Besitz, zur Armut.

1 In Klammer über „mehr" geschrieben

Weizäcker sah ich nicht mehr, seine Frau ist entsetzlich eifersüchtig, sie fürchtet die geistige Liebe zwischen ihm und mir. Aber ich meine, die Verbindung ist dennoch sehr stark. Manchmal tut es mir ein bisschen weh, ihn nicht zu sehen. Aber ich warte im Nicht-warten.

Vergessen Sie mich nicht. Und vielleicht kann (darf) ich doch eines Tages kommen, ehe ich zu alt zum Reisen bin!!

Grüssen Sie herzlich Ihre liebe Frau von mir.

Ihr Luise Rinser

Dinapani (Dist. Almora) 15. Juli 1975 [sic, 1976]

Sehr verehrte, liebe Frau Rinser!

Herzlichen Dank für ihren lieben Brief vom 13.6.1976. Wir sind gerade nach ein und einem [sic] Jahr Abwesenheit nach hier zurückgekehrt. Wir besuchten Singapore, Bangkok, Hongkong, Taiwan, Japan, Hawaii, Kalifornien, New York und Deutschland. Wir wollten eigentlich über Japan zurückkehren im vorigen Jahr, aber im November erlitt ich einen Schlaganfall, der die rechte Seite meines Körpers lähmte, sodass ich weder gehen noch schreiben konnte. Es geht mir jetzt besser Dank Li Gotamis P[f]lege und Hilfe. Aber es fällt mir noch immer schwer mich fortzubewegen oder zu schreiben. Ich muss mich darum kurz fassen. Ich war sehr froh Ihren Brief zu erhalten und über ihre Reise nach Korea zu hören. Ich selbst beabsichtige mein nächstes Buch über das I Ging zu schreiben (wenn es mir vergönnt ist so lange zu leben). Soeben habe ich ein Buch über Meditation und vieldimensionales Bewusstsein herausgebracht und bin dabei eine deutsche Übersetzung davon anzufertigen und werde Ihnen, wenn es soweit ist, ein Exemplar davon schicken. Es soll im Aurum Verlag, Freiburg im Breisgau, erscheinen, und in England bei Allen & Unwin. Aber die Leute nehmen sich Zeit bis Weihnachten. Aller Wahrscheinlichkeit nach werde ich zu dieser Zeit wieder in Deutschland sein, da mein Arzt dringend eine weitere Kur in einem Sanatorium am Bodensee empfiehlt. Einen Monat war ich bereits dort und hoffe, dass ich wieder einigermassen hergestellt werde. Um so me[h]r freut es mich, dass es Ihnen gut geht und dass Sie einen guten Freund in einem Koreaner gefunden haben, der Sie mit der östlichen Denkun[g]sart vertraut macht. Korea ist ein schönes Land, aber Deutschland ist sicherer. Ich kann verstehen, dass er es vorzieht, dort zu leben. Wir denken oft an die schöne Zeit, die wir in Italien und besonders in ihrem schönen Haus dort, verlebten. Haben Sie weitere Bücher herausgebracht? Ich erinnere mich, dass Sie mit grossem Erfolg publizierten. Dass Sie selbst in Korea bekannt sind und dort wohlaufgenommen wurden, freut mich zu hören. Es wäre interessant über Ihre Reiseerlebnisse im Druck zu lesen!

Mit allen guten Wünschen, auch von Li, grüsst sie herzlichst

Ihr Lama Govinda

d. 22. October 1976.

Sehr verehrte, liebe Frau Rinser,

Herzlichen Dank für die Übersendung Ihres hochinteressanten Koreabuches! Ich habe es sogleich von „covert to cover" gelesen und erfreue mich an Ihrer lebendigen und eindrucksvollen Sprache. Die Verhältnisse in Korea sind sehr klar dargestellt, und ich stimme Ihrer

Bewunderung für dieses Volk und Ihrer [sic] Ansichten ganz bei. So sehr ich die amerikanische Unterstützung der dortigen Diktatur ablehne, so bewundere ich andererseits das ehrliche Freiheitsbestreben, das im eigenen Land besteht, wie auch die allgemeine Freundlichkeit und stete Hilfsbereitschaft der amerikanischen Bevölkerung. Aber vielleicht ist es so, dass die menschliche Natur überall die gleiche ist und das Gute will, aber sobald die Herrschenden den Menschen ihren Willen aufzwingen wollen und sich gegen andere Völker abgrenzen oder gar beherrschen wollen, dann beginnt die menschliche Misere. Wie recht hatte Laotse, wenn er sagte, je weniger ein Herrscher regiert und sich in die Geschäfte des Einzelnen einmischt desto besser. Das habe ich auch in Tibet erlebt, wo es gewiss manches Unvollkommene gab; aber das Volk war glücklich und lebte in Harmonie mit der Natur und im Besitz einer tiefen Religiosität, die das ganze Leben beherrschte und ihm Sinn verlieh. Heutzutage ist zwar die Produktion gesteigert, aber der Sinn ging verloren, und damit das, was dem Leben seinen Wert gibt. Ich habe versucht, dies in meinem Buch „Der Weg der weissen Wolken" zu demonstrieren, und der Respons, den ich aus aller Welt e[r]halte, beweist, wie tief die menschen [sic] davon aufgerührt werden. Im Ende sind Bücher doch stärker als das Schwert, und ich hoffe, dass auch die Ihren grösstmöglichen Erfolg haben mögen, zum Segen der Menschheit und der Völker.

Es würde uns sehr freuen, wenn wir uns im Winter wiedersehen könnten, und ich werde Sie rechtzeitig benachrichtigen, wenn wir wieder in Europa sind. Wir waren auch diesmal wieder in Japan, wenn auch nur auf kurze Zeit. Aber wir hatten keine Gelegenheit, nach Korea zu gehen. Vielleicht gelingt uns das ein ander Mal.

Leben Sie wohl in Ihrem schönen Heim, das wir stets in dankbarer Erinnerung behalten, und seien Sie nochmals aufs Herzlichste bedankt für Ihr schönes Koreabuch. Li Gotami lässt Sie herzlich grüssen.

In steter Verbundenheit

Ihr

Lama Govinda

13.7.77

Verehrter lieber Lama Govinda,

es wundert mich nicht, daß Sie mir dieses Buch (Watts – Govinda) schicken, und gerade jetzt: ich habe kurz zuvor einen Brief an Sie nach Indien geschrieben, ihn aber nicht abgeschickt, aus keinem bewußten Grund. Und da kam Ihr Brief – und enthält die Antwort auf das, was ich in meinem Brief schrieb: über das nicht existierende Ich, das einem soviel zu schaffen macht. Ich weiß aber, daß ich Sie noch nicht ganz verstehe. Es wäre für mich wichtig, mit Ihnen reden zu können. Kommen Sie auf der Rückreise nach Europa? Ich bin vom 23.09. bis etwa 25.10. in Deutschland, anfangs am Bodensee (Lesungen und Vorträge). Ob Sie da vielleicht auch gerade dort sind? - Mit einem Teil meines Wesens schwimme ich vertrauensvoll im großen Strom, mit dem anderen klammere ich mich noch ans Ufer. Zur Zeit habe ich das Gefühl, daß das ersehnte Göttliche (ich bin Christin:) sich mir entzieht. Ich bin „auf dem Weg", bin mir sicher, ich kenne sogar „den Weg" („Ich bin [ca. drei unleserliche Worte] Jesus, der Christus) – aber es schieben sich mir immer Hindernisse in diesen Weg. Ich habe zu viel und zu wenig Erkenntnis - - . Wahrscheinlich kommen <u>daher</u>

meine Anfälle von Depression. Mir fehlt der Schlag des Zen-Meisters. Werden Sie nach Europa kommen? Lassen Sie mich das bitte wissen. Ich hoffe, Ihnen und Ihrer Frau Li geht es gut (gesundheitlich). Ich danke Ihnen für Ihr Gedenken, Ihre [unleserliches Wort], Ihr Buch

Ihre Luise Rinser

Luise Rinser

Briefe an Wieland Schmid und Karl-Heinz Gottmann

10. Januar 1973

Sehr geehrter Herr Schmid,

ich bin bereit etwas für und über Govinda zu schreiben, wenn ich auch nicht weiss, ob ich etwas Wichtiges zu sagen habe. Ich kann nur Eindrücke wiedergeben, meine ich. Aber vielleicht ist das auch wichtig.

Mit herzlichen Grüßen!

Luise Rinser

19. Februar 1973

Sehr geehrter Herr Dr. Gottmann

Hier ist mein kleiner Beitrag zu dem Buch. Ich habe absichtlich wenig über L. Govindas Ideenwelt gesagt, denn sie ist ja bekannt, und wenn jemand darüber schreiben will, dann sollen es „Fachleute" tun. Ich beschränke mich auf eine Schilderung, eine Beschreibung unseres

Zusammenseins in Rom. Da Sie selber sicher (natürlich)[1] Erfahrungen mit – sagen wir – der spirituellen Welt haben, werden Sie verstehen, dass ich gar nichts Besonderes erlebe mit L. Govinda, aber dass das nicht nötig war. Ich meine, das Zusammensein war schön an sich, und L. Govinda sowohl wie seine als schwierig bekannte Frau sagten mir, sie haben mich liebgewonnen, ich soll zu ihnen nach Indien kommen – das will ich 1974 auch tun.

Mit besten Grüßen

Ihre Luise Rinser

4. März 1973

Sehr geehrter Herr Dr. Gottmann,

als ich meinen Beitrag abgeschickt habe, dachte ich, er sei wirklich zu unbedeutend, um überhaupt gedruckt zu werden. Wenn ich jetzt lese, dass Gebser und Dürckheim auch schicken, meine ich, dass mein Beitrag überhaupt nichts aussagt. Sie können ihn ruhig weglassen. Das, was zwischen Lama Govinda u. mir sich in aller Stille begab, ist fast ein Nichts; es war aber eine „Sympathie" ohne Spannung und ohne Ereignis. Es gibt Erlebnisse, über die man nur Banales sagen kann.[2]

Wenn Sie meinen Beitrag dennoch drucken wollen – bitte. Aber ich bin nicht böse, wenn nicht.

Natürlich: Sachse. Das war eine Zerstreutheit von mir. Seine komplizierte Herkunft hat er mir selber erzählt. Vielleicht ergänzen Sie nach

1 In Klammer über „sicher" eingefügt

2 Dieser ganze Abschnitt ist am linken Rand mir einer eckigen Klammer versehen, über der steht: „Oder Sie setzen diesen Passus noch hinzu."

dem, was Sie dazufügten.

Dass das Haus in Almora eingestürzt ist, das ist ja schlimm; aber der Lama sollte nicht schon wieder reisen – nicht nur, weil es ihn dort sehr anstrengt, sondern weil er aus der Ferne und Stille heraus mehr bewirken könnte. – Ich beginne, all diese Reisen („indischer Weiser")[3] kritisch zu betrachten. Die Leute in Europa u. den USA nehmen östliche Weisheit wie Drogen zu sich – und dann leben sie weiter wie bisher. Bloss haben sie dann dazu noch das Gefühl, etwas zu wissen u. mehr zu sein als andre. Aber nun – so ist das eben.

Meine Biographie: geb. 1911 in Oberbayern, Stud. Psychologie u. Pädag. (Universität München) einige Jahre Lehrerin, dann freie Schriftstellerin ab 1939. Heirat, 2 Söhne.[4] Unter Hitler ab 1941 Publikationsverbot, 1944-45 im Gefängnis. Etwa 20 Bücher (Romane und Essays, übersetzt in – ich glaube mehr als – 18 Sprachen.) Seit 1959 in München, Nahe Rom.

Bekannte Bücher: „Mitte des Lebens", „Abenteuer der Tugend", „Die vollkommene Freude", „Tobias" (Romane)

Essays: „Vom Sinn der Traurigkeit", „Über die Hoffnung", „Unterentwickeltes Land Frau", - Eine Komödie „Geh nicht nach Antinoë" fürs Burgtheater Wien. Auff. 1973

Mit schönsten Grüssen Ihre Luise Rinser

3 In Klammer darüber eingesetzt

4 Diese Information wurde am Ende der Zeile über „1939" eingefügt

Lama Anagarika Govinda

Die Antwort des Buddhismus

Welt und Mensch

1. *In welchem Verhältnis steht unsere Welt und Wirklichkeit zu jener anderen, von der die Religionen zu berichten wissen? Ist das, was wir erkennen und beschreiben können, die uns zugängliche Seite einer alles umfassenden Wirklichkeit, oder handelt* es *sich bei dieser unserer und jener anderen Welt um zwei prinzipiell voneinander geschiedene Seinsbereiche?*

Die einzige Welt und die einzige Wirklichkeit, von der wir sprechen können, ist die Welt unserer Erfahrung, eine Welt, die bestimmt wird durch die Art unseres Bewusstseins und die Organe unserer Wahrnehmung. Wir können also nur von einer subjektiven Welt reden, von der Welt als unserer Vorstellung. Damit wird in keiner Weise die Wirklichkeit der Welt in Frage gestellt – im Gegenteil –, es besagt, daß die Welt nur im *Wirken* besteht, nicht im Sein, daß die Welt dynamischen, nicht gegenständlichen Charakter hat.

Es verhält sich mit der Dinglichkeit der Welt wie mit den Farben eines Regenbogens, die zwar unterschieden, nicht aber voneinander getrennt werden können (sie bilden eine Kontinuität), die zwar sinnlich wahrgenommen werden, denen aber, ebenso wie dem Regenbogen als

Ganzem, keine Eigenexistenz zukommt. So wie die Sonne die Ursache sämtlicher Farben ist, so ist das die Welt wahrnehmende Bewusstsein die Ursache aller Form- und Dinglichkeitserscheinung. Und so, wie wir die Vielfalt der Farben des Regenbogens nur sehen, wenn wir von der Quelle des Lichtes abgewandt nach «außen» schauen, so sehen wir die Vielfalt der Dingwelt nur, wenn wir vom Zentrum, vom Inneren des Bewusstseins, nach außen blicken. Wenn wir uns aber der Quelle des Lichtes oder des Bewusstseins zuwenden, so verschwindet die Vielfalt der Farben und der Dingwelt. Und so, wie die Farben des Regenbogens sich um ein unsichtbares Bezugszentrum zum Bogen zusammenschließen, so gruppiert sich die Vorstellung der Dingwelt um das ideelle Bezugszentrum, das wir als «Ich» empfinden. Weder das Bezugszentrum noch der Bogen und seine Farben haben konkrete Existenz oder ein beharrendes Substrat, sondern stellen sich als die Projektion des Lichtes (Bewusstseins) auf einen fließenden, aus momentan erscheinenden und verschwindenden Tropfen («Quanten», «Atomen») bestehenden universellen «Hintergrund» dar.

Trotzdem jeder Beobachter sich selbst im Mittelpunkt des Regenbogens empfindet, unterliegt die Erscheinungsform des Regenbogens nicht der Willkür des Beobachters, sondern folgt objektiv feststellbaren Gesetzen. Diese Gesetzmäßigkeit innerhalb subjektiver Bezugssysteme verleiht unserer jeweiligen Welt den objektiven, außer uns bestehenden, konstanten Charakter. Das Objektive steht also nicht im Gegensatz zum Subjektiven, sondern ist eine Eigenschaft des Subjekts, nämlich seine innere Gesetzmäßigkeit, die Stabilität seiner Relationen, aus denen sich das als außen und als «Nicht-Ich» empfundene, sinnlich wahrnehmbare «materielle» Objekt ergibt. Von einer in sich oder an sich bestehenden objektiven Wirklichkeit zu reden ist ein Widerspruch in sich selbst, denn Wirken drückt bereits eine Relation aus – oder vielmehr eine unendliche Vielfalt von Relationsmöglichkeiten.

Der Tisch, den ich vor mir sehe, ist in der Form, in der ich ihn sehe; ebenso wirklich oder nicht weniger wirklich als die atomaren Strukturen, aus denen er sich nach der Erkenntnis des Physikers zusammensetzt. Was ist aber dieser selbe Tisch, wenn er weder vom menschlichen Auge noch vom Intellekt des Physikers betrachtet wird noch auch aus der Perspektive einer Ameise oder eines Holzwurms?

Die Antwort des Buddhisten würde sein: «an sich» ist er nichts, er wird erst zu einem «Etwas» durch das formende, auswählende, vorstellende Bewusstsein; und da die Artungen und Möglichkeiten des Bewusstseins unendlich sind, so kann man einen Schritt weitergehen und sagen; daß der Tisch die Summe aller seiner Anschauungsmöglichkeiten ist, so daß wir mit gleicher Berechtigung sagen könnten, daß der Tisch «an sich» nichts und alles ist, was soviel heißt, als daß es so etwas wie einen Tisch «an sich» überhaupt nicht gibt, denn dieses «an sich» ist eine reine Denkkonstruktion, die keine Basis in der Erfahrung hat. Diese Erkenntnis führte den Buddha zur Aufstellung seiner *anicca* und *anattā-Lehre,* welche die Dinghaftigkeit der Dinge und die Ichhaftigkeit des Individuums zugunsten der lebendigen Dynamik unbegrenzter Relationen in einem unendlichen Universum aufhob. Die einzige uns *unmittelbar* zugängliche Wirklichkeit ist die des Bewusstseins, ohne das weder diese noch jene Welt existieren würde.

«Wahrlich, ich sage euch, innerhalb dieses eures Körpers, obwohl sterblich und nur einen Klafter hoch, aber begabt mit Bewusstsein und Geist, ist die Welt beschlossen, das Entstehen und das Vergehen der Welt wie auch der Weg, der zur Aufhebung hiervon führt» (*Aṅguttaranikāya* II, *Saṃyuttanikāya* I).

Hiermit definierte der Buddha die Welt als das, was uns als Welt zum Bewusstsein kommt – ohne auf die Frage der objektiven Wirklichkeit einzugehen, denn da er den Substanzbegriff ablehnte, so konnte er selbst da, wo er vom Materiellen oder vom Körperlichen sprach, dies nicht im Sinne eines essentiellen Gegensatzes zum Psychischen gemeint haben, sondern eher im Sinne einer inneren und äußeren Erscheinungsform desselben Vorgangs, der für ihn nur soweit von Interesse war, als er ins Gebiet unmittelbarer Erfahrung fiel und das lebendige Individuum, d. h. die Vorgänge des Bewusstseins betraf.

Die Frage: «In welchem Verhältnis steht unsere Welt und Wirklichkeit zu jener anderen, von der die Religionen zu berichten wissen?» wäre vom buddhistischen Standpunkt dahin zu beantworten, daß es sich um zwei Arten des Erlebens, nicht aber um zwei verschiedene Welten handelt. Diese Erlebnisarten unterscheiden sich durch die Verschiedenartigkeit der Zielrichtung: die des Weltmenschen ist nach außen gerichtet, auf die Vielfalt der Sinnenobjekte; die des religiösen Menschen nach innen auf die Ganzheit des Ursprungs, auf das Bewusstwerden der universellen Einheit in der Vielheit der Erscheinungen.

Wir haben es hier also nicht mit zwei prinzipiell voneinander geschiedenen Seinsbereichen zu tun, sondern mit zwei verschiedenen Anschauungsformen derselben Wirklichkeit, wobei die erste Anschauungsform sich mit der Differenziertheit einer ins Zeiträumliche projizierten Wirklichkeit – also einer Wirklichkeit zweiten Grades –befasst, während die letztere ihrem Ursprung und ihrem Ziel nachgeht. Die zwei Anschauungsweisen schließen sich nicht aus, sondern ergänzen sich, denn Universalität kann nur im individuellen Bewusstsein zum Erlebnis werden, so wie Individualität nur im Bewusstsein ihrer universellen Grundlage zu sinnvoller Gestaltung werden kann.

3. *Hat das wissenschaftliche Forschen irgendwie Bedeutung für die Erkenntnis der «anderen Wirklichkeit»? Müssen die Aussagen der Religionen mit den Aussagen der Wissenschaft übereinstimmen, oder bedarf es einer solchen Übereinstimmung nicht? Fängt die religiöse Weltdeutung erst dort an, wo die wissenschaftliche Welterklärung zu Ende ist?*

Religion und Wissenschaft streben beide nach Wahrheit und können sehr wohl, ohne sich zu widersprechen oder zu hindern, nebeneinander existieren. Aber daraus folgt noch nicht, daß beide verschmelzbar sind oder in ihren Aussagen übereinstimmen müssen. Der Grund hierfür ist, daß ihre Verschiedenartigkeit sich weniger auf den Inhalt, die Objekte der Betrachtung oder das Ziel erstreckt als vielmehr auf die *Methode* der Betrachtung. Die Forschungsmethode der Wissenschaft geht von innen nach *außen,* die der Geistesforschung von außen nach *innen;* und eine jede von ihnen kann dann nur Höchstes leisten, wenn sie ihren eigenen Gesetzen folgt.

Das Wesen der Wissenschaft ist Deduktion aus dem Sinnlich-Wahrnehmbaren, das der religiösen Erkenntnis unmittelbares Erleben seelischer, d. h. im Tiefenbewusstsein schlummernder Inhalte. Die Unmittelbarkeit des religiösen Erlebens ist im Tiefsten verwandt mit dem der Kunst; und ebenso wenig wie die Kunst es nötig hat, den Wert ihrer Schöpfungen durch Übereinstimmung mit naturwissenschaftlichen Beobachtungen zu beweisen – obwohl solche hier und da vorliegen mögen –, ebenso wenig hat die religiöse Erfahrung es nötig, von der Wissenschaft beglaubigt zu werden. Wissenschaft, infolge ihrer Abhängigkeit von äußeren «Tatbeständen», bleibt stets ein unvollständiges, fragmentarisches Gebilde, während das religiöse Weltbild, wie jedes echte, aus der Tiefe geborene Kunstwerk, infolge seines intuitiven, aus der Einheit des Erlebens gewachsenen Charakters, stets ein Ganzes, in sich selbst Ruhendes darstellt.

Ebenso aber, wie die Spontaneität oder Unmittelbarkeit des künstlerischen Erlebens nicht die Methodik der Darstellungsmittel oder des schöpferischen Gestaltungsvorganges beeinträchtigt, ebenso wenig beeinträchtigt es die Unmittelbarkeit des religiösen Erlebens, sich gewisser Methoden zu seiner Hervorbringung, Kultivierung, Entfaltung und Formulierung zu bedienen. Die Entdeckungen eines Buddha und anderer Großer im Reiche des Geistes bauen sich auf strenger Methodik und Geistesschulung auf, die in ihrer Weise ebenso «objektiver» Beobachtungen und Resultate fähig sind wie die Methoden der Wissenschaft. Wenn diese Resultate – ähnlich denen der höheren Wissenschaften – über das Verständnis und das Auffassungsvermögen des Durchschnittsmenschen hinausgehen, so sind sie deswegen dennoch nicht «transzendent» zu nennen, denn sie können von jedem, der sich die Mühe nimmt, seine latenten geistigen Fähigkeiten zu schulen, nachgeprüft werden.

So wie der Wissenschaftler in seinem eigenen Gebiet eine strenge Schulung fordert, so bedarf auch die Erforschung des menschlichen Geistes und des religiösen Erlebens eines ernsthaften Trainings. Ein solches aber zeigt, daß die Grenzen des menschlichen Bewusstseins nicht eine konstante Größe sind und daß sie auch nicht mit den Grenzen des Denkens, der Logik oder der Vorstellungskraft zusammenfallen. «Kant zeigt theoretisch, wo innerhalb des gegebenen Bewusstseins die Grenzen der Erkenntnis liegen, Buddha lehrt die Praxis, den Weg, wie jene gegebene Bewusstseinsform überschritten werden kann. – Nicht logisches Denken, sondern nur ein *höheres Bewusstsein (bodhi)* löst die Widersprüche, in die das niedere, an die Sinnlichkeit gebundene Denken sich hoffnungslos verstrickt.»[2]

Der religiöse Mensch und der wissenschaftlich denkende Mensch schließen sich gegenseitig nicht aus: im Gegenteil, das religiöse Erlebnis mag manchen Ergebnissen wissenschaftlicher Forschung einen neuen Sinn und eine größere Tiefe geben, während das wissenschaftliche, von allem Persönlichen befreite Denken dem religiösen Menschen dazu verhelfen kann, eine größere Klarheit und Distanz sich selber gegenüber zu gewinnen und somit auch eine größere Urteilskraft seinem inneren Erleben gegenüber.

4. *Welche Rolle spielt die gefühlsmäßige Erkenntnis bei dem Versuch des Menschen, sich der «anderen Wirklichkeit» zu nähern? Sind Naturfrömmigkeit, bildende Kunst und Literatur von Bedeutung auch für ein religiöses Weltverständnis?*

Die gefühlsmäßige Haltung ist im religiösen Leben von grundlegender Bedeutung, weil wir im Gefühl nicht durch die von unserem Intellekt geschaffenen Hindernisse und Vorurteile gehemmt sind, denn das Gefühl steht unserem Tiefenbewusstsein näher als der rechnende, urteilende Verstand, der vorwiegend nach außen gerichtet und mit der Begriffs- und Dingwelt beschäftigt ist. Im Gefühl öffnen wir uns spontan der primären Wirklichkeit, die in unserem Tiefenbewusstsein schlummert und der Erweckung harrt. Die Nichtberücksichtigung dieser gefühlsmäßigen Seite der menschlichen Natur ist der Hauptgrund für das Scheitern oder die Dürftigkeit der meisten Resultate psychologischer und parapsychologischer Experimente, die sich mit

2 Hermann Beckh: *Buddhismus.* Band 1. Berlin und Leipzig 1916, S. 120

der Erforschung von «extrasensorial perception», pränataler Erinnerungsmöglichkeiten, Telekinese, ektoplasmischen Materialisationserscheinungen, Telepathie und anderen psychischen Phänomenen beschäftigen. Die Mehrzahl dieser mit wissenschaftlicher Methodik ausgeführten Experimente sind von geradezu kindlicher Naivität, da sie den Hauptfaktor des religiösen Tiefenerlebnisses und der durch dieses ausgelösten psychischen Kräfte übersehen: nämlich die überindividuelle Gefühlssphäre der religiösen Emotion, die durch tief verankerte Symbole, die als Katalysatoren schöpferischer Kräfte wirken, aktiviert und erweckt werden. Die intellektuelle Neugierde und die kalte «Objektivität», die durch Statistik und physikalische Messapparate psychische Phänomene erforschen und registrieren wollen, zerstören geradezu die Voraussetzungen, unter denen solche Phänomene in Erscheinung treten können. Wissenschaftliche Methodik und religiöses Erleben gehören zwei gänzlich verschiedenen Ebenen an. Man stelle sich vor, daß jemand versuchen würde, den seelischen, ästhetischen oder emotionellen Gehalt einer Beethovenschen Symphonie wissenschaftlich zu beweisen oder zu messen!

Obwohl die Technik der Musik, die Schwingungsamplitude jedes Tones und die auf ihr aufgebaute Harmonielehre auf mathematischen Gesetzen beruhen und mit mathematischer Genauigkeit dargestellt werden können, hat die Wissenschaft keinen Zugang zum Erlebniswert der Musik und kommt dem Wesentlichen nicht näher als eine Gruppe von Blinden, die einen Elefanten zu beschreiben versuchen, nachdem sie jeweils einen Teil seines Körpers betastet haben. Dieses Gleichnis des Buddha illustriert treffend die völlige Unzulänglichkeit psychischer Forschung auf materialistischer Grundlage und mit intellektuellen Methoden, die am Wesentlichen ganz vorbeigehen.

Naturfrömmigkeit, bildende Kunst und Literatur sind von weit größerer Bedeutung für ein religiöses Verständnis als diese primitiv-wissenschaftlichen Experimente und Forschungen. Die Tatsache, daß die größten Werke der bildenden Kunst und der Literatur aus dem religiösen Erleben flossen und daß viele der größten Weisen und Heiligen ihre Inspiration in inniger Naturverbundenheit fanden, beweist den hohen Wert, den Natur und Kunst, Dichtung und weltanschauungsbildende Literatur für das religiöse Leben haben. Kunst und Dichtung sind die Blüten der Religion. Eine Religion ohne Kunst ist tot.

Die Sprache der Religion ist nicht die Sprache der Begriffe, sondern die Sprache des Symbols. Wenn die Symbole verbegrifflicht werden, verlieren sie ihre Vitalität, ihre Vieldimensionalität und werden zu flachen Klischees. Die Vieldimensionalität der Symbole macht sie zu Repräsentanten höherer Wirklichkeit, in welcher der religiöse Mensch wie der echte Dichter oder bildende Künstler zu Hause sind. Symbole sind die Schlüssel zu jener «anderen Wirklichkeit»; sie öffnen uns neue Dimensionen des Erlebens. Wo immer der Buddhismus Fuß fasste, da blühten Kunst und Literatur. Skulptur, Malerei und Architektur, Dichtung und Philosophie, Musik und Tanz-Drama wurden zu Ausdrucksformen religiösen Weltgefühls, und die Natur selbst wurde zu einem lebendigen Lehrbuch verinnerlichten Schauens, wie es die zenistischen und taoistischen Landschaftsmaler und Dichter des Fernen Ostens uns vor Augen führen.

5. *Gibt* es *ein mystisches Erleben der «anderen Wirklichkeit»?* Wie *verhält* es *sich* mit *der meditativen Erfahrung? Kann die Versenkung des Menschen in sein eigenes Selbst mehr zutage fördern als die sein Wesen und seinen Charakter bestimmenden psychologischen Fakten?*

Das mystische Erleben der «anderen Wirklichkeit» tut sich in Tausenden von Werken religiöser Literatur, der Dichtung und der bildenden Kunst kund. Allein das Zeugnis dieser stupenden Schaffenskraft sollte uns von der Wirklichkeit und Bedeutung des zugrunde liegenden Erlebens überzeugen. Dieses ist «mystisch», nicht weil es dunkel und verschwommen ist, sondern weil es direkt, unvermittelt, spontan – und darum nicht dem urteilenden Intellekt zugänglich ist. Der Myste des Altertums (ebenso wie der des alten Tibet) war nicht ein Schwärmer, sondern ein Eingeweihter, ein Wissender, ein durch Erfahrungen und Prüfungen Gegangener, einer, dessen Lippen verschlossen waren, nicht um ein Geheimnis zu hüten, sondern um das heilige Erlebnis vor der Profanierung zu schützen, vor der intellektuellen Neugierde, vor dem Zerreden des Mysteriums. Denn nur durch Kontemplation, Meditation und Selbsthingabe kann dieses Wissen erworben werden. In dem Maße aber, in dem die Selbsthingabe verwirklicht wird, wächst dieses Wissen über die Grenzen des Persönlichkeitscharakters und der individuellen Beschränkungen und die sie bedingenden psychologischen Fakten hinaus. Da nach buddhistischer Auffassung – insbesondere nach der der *Vijñānavādins* – unser Tiefenbewusstsein das Reservoir universeller Erfahrung ist, so wie unser individuelles Gedächtnis das Behältnis unserer persönlichen Erfahrung – so ergibt sich die Möglichkeit, im Zustande der Versenkung oder Verinnerlichung, d. h. nach Ausschaltung des intellektuellen, nach außen gerichteten Oberflächenbewusstseins, Wissensinhalte zutage zu fördern, die weder in diesem individuellen Leben erworben noch durch «persönliche» Erfahrungen oder Charaktereigenschaften bedingt sind. Die Aussagen der modernen Tiefenpsychologie, die dem «Unbewussten», d. h. dem Tiefenbewusstsein, die gleichen Eigenschaften zuerkennt wie der Buddhist dem «Schatzkammerbewusstsein» *(ālayavijñāna)*, sind ein weiterer Beleg für die Berechtigung dieser Anschauung.

6. *Lässt sich die «andere Wirklichkeit»* mit *den Kategorien und Begriffen unserer Wirklichkeit beschreiben? Meint etwa der Begriff «Gott» wirklich ein Wesen* im *Sinne unseres Verständnisses von «Person»? Oder* ist *er nur eine Chiffre für etwas, das sich jeder Beschreibung entzieht? Welche religiösen Aussagen sind wörtlich und welche nur metaphorisch, allegorisch, symbolisch oder mythisch zu verstehen?*

Die «andere Wirklichkeit» lässt sich zwar nicht mit den Kategorien und Begriffen unserer sekundären «Alltagswirklichkeit» beschreiben, wohl aber umschreiben durch gewisse Symbole oder archetypische Formen unseres Bewusstseins und unserer Kultur. Das Wort «Gott» ist eines dieser Symbole, d. h. eine Chiffre für etwas, das sich jeder Beschreibung entzieht, weshalb es in der Bibel heißt: «Du sollst dir kein Bild machen von Gott.» Dieses «Bild» aber ist nicht nur eine konkrete, sinnlich wahrnehmbare Darstellung, sondern ebenso sehr – und vielleicht mehr noch – ein logisch oder qualitativ abgegrenzter Begriff wie der einer «Person» mit diesen oder jenen Eigenschaften. Der Buddhist lehnt daher jegliche Aussage dieser Art ab und beschränkt sich darauf, das. «Göttliche» unter dem Symbol des Lichtes, der Erkenntnis und der mitfühlenden Nächstenliebe im eigenen Herzen zu finden, statt sich über die möglichen Auffassungen des Gottesbegriffes zu streiten. Der Buddhismus ist unter allen Weltreligionen die einzige, die ein solches «Gotteserlebnis» nicht durch dogmatische Verbegrifflichung profaniert hat, eine Profanierung, die sich auf der ganzen Welt durch blutige Verfolgungen und bittere Kämpfe gerächt hat.

Man hat den Buddhismus auf der einen Seite des Atheismus, auf der anderen der «Bilderverehrung», wenn nicht gar des «Götzendienstes» beschuldigt. Beides ist völlig verfehlt. Die Lehre des Buddha ist weder Agnostizismus noch Atheismus, denn sie leugnet weder die Möglichkeit höchster Erkenntnis oder der vollkommenen Erleuchtung (Gnosis) noch auch den Wert des Gotteserlebnisses, das je nach der Stufe menschlicher Erkenntnis verschiedenartige Formen annimmt und darum keiner verstandesmäßigen Definition unterliegen kann. Der Buddha ließ daher die Gottesvorstellungen seiner Zeitgenossen auf sich beruhen und zeigte jenseits aller theistischen Thesen den Weg zum Erlebnis des Göttlichen im Menschen selbst. Dieses besteht in der Überwindung unserer ichhaften Begrenztheit, d. h. in der Kultivierung jener «unermesslichen» Eigenschaften, die in den Empfindungen der Nächstenliebe, des Mitleides, der Mitfreude und der Herstellung des vollkommenen seelischen Gleichgewichtes, das auch von eigenen Freuden und Leiden unberührt bleibt, bestehen. Der Buddha bezeichnet diese als die vier «göttlichen Zustände» oder das «Verweilen in Gott» *(brahma-vihāra)*. Er verkündete somit nicht eine Lehre, die irgend etwas mit dem materialistischen Atheismus unserer Zeit zu tun hat, sondern eine nichttheistische Lehre, die statt einer *Gottesvorstellung* die Verwirklichung des Göttlichen, des Unendlichen im Menschen anstrebte.

Die Figur des Buddha aber ist das Symbol des vollkommenen Menschen, der des Göttlichen in sich bewusst geworden ist und es in sich verwirklicht hat. Es ist dieses Symbol der höchsten Vollendung, dem der Buddhist seine Verehrung entgegenbringt, indem er sich innerlich mit ihm identifiziert und es erfüllt mit der Kraft seiner eigenen Hingabe, mit dem Blut seines eigenen Lebens. Das Kultbild ist somit

Wissenschaftliche Schriftenreihe des Anagarika Govinda Instituts für buddhistische Studien

Herausgegeben von Volker Zotz Band 1

Benedikt Maria Trappen

Luise Rinser und Lama Anagarika Govinda

Analyse und Dokumente ihrer Begegnung

Edition Habermann
München 2019

Impressum

Benedikt Maria Trappen:
Luise Rinser und Lama Anagarika Govinda. Analyse und Dokumente

Band 1 der Wissenschaftlichen Schriftenreihe des Anagarika Govinda Instituts für buddhistische Studien, herausgegeben von Volker Zotz

der Lama und Li Gotami Govinda Stiftung
Schellingstraße 109a, 80798 München
sekretariat@lama-govinda.de • www.lama-govinda.de

ISBN Hardcover 978-3-96025-017-3

ISBN Paperback 978-3-96025-015-9

ISBN E-Book 978-3-96025-016-6

Mitarbeit bei Schriftsatz, Layout und Umschlaggestaltung :
Ruwanthi Kaushalya

Druck und Vertrieb: tredition GmbH, Hamburg

Anagarika Govinda Institut
Hochegger Straße 43
2840 Grimmenstein
Österreich

nicht der Sitz einer zu verehrenden Gottheit, sondern ein Mittel zur Erweckung innerer Schauung, die den Schauenden selbst verwandelt und ihn von der Starre des Begrifflichen befreit. Denn das Wesen des Symbols besteht darin, daß es des Wachstums fähig ist und auf jeder Ebene des Bewusstseins einen neuen Sinn erschließt, ohne sich auf irgendeiner derselben zu erschöpfen.

Für den Buddhisten gibt es keine religiösen Aussagen, die «wörtlich» zu nehmen sind, denn auch Worte sind Symbole für etwas, das jenseits von ihnen liegt. Darum heißt es im *Lankāvatārasūtra:* «Möge der Jünger sich davor hüten, sich an Worte zu klammern in der Meinung, daß sie ihrem Sinn völlig entsprächen, denn die Wahrheit liegt nicht im Buchstaben beschlossen. Wenn ein Mensch mit dem Finger auf etwas zeigt, so mag die Fingerspitze von Einfältigen für das angedeutete Objekt angesehen werden. In gleicher Weise sind die Unwissenden wie Kinder nicht fähig, die Idee aufzugeben, daß in der ‚Fingerspitze' der Worte ihr ganzer Sinn enthalten sei. Sie können sich die höhere Wirklichkeit nicht vorstellen, geschweige denn in sich selbst verwirklichen, weil sie sich an Worte klammern, die nicht mehr sein sollten als ein weisender Finger – denn die Wahrheit liegt jenseits der Worte.»

7. *Ist der Mensch das Produkt der natürlichen Entwicklung der Lebewesen, und unterscheidet er sich von den Säugetieren nur in der Weise, wie sich die Säugetiere von den Pflanzen unterscheiden, oder gehört er zu einer Art «Übernatur»?*

Der Mensch ist das Produkt seiner in unendliche Zeiten zurückgehenden Bewusstseinsentwicklung, welche die Möglichkeiten aller Lebensformen umfasst und die natürliche Entwicklung der Lebewesen einschließt – oder sich ihrer bedient (so wie der neue Lebenskeim im Mutterschoße sich der Nahrungs-und Aufbaustoffe des mütterlichen Leibes bedient, ohne deswegen ihr Produkt zu sein). Der Mensch unterscheidet sich von Tieren und Pflanzen nicht durch vollkommene Wesensverschiedenheit oder eine Art «Übernatur», sondern durch höhere Bewusstheit, die sich nicht nur auf äußere Wahrnehmungen (Sinnesfunktionen) und innere Emotionen beschränkt, sondern die Fähigkeit der Reflexion, des abstrakten Denkens und der Zurückwendung auf die eigene Bewusstseinsquelle besitzt. Es ist hier, daß das Bewusstsein sich zum ersten Male seiner selbst bewusst wird – und seiner potentiellen Universalität. Nur wenn letztere zur Verwirklichung kommt, kann der Mensch sich vom Kreislauf des Todes und der Wiedergeburt befreien im Wissen seiner allumfassenden Ganzheit: dem Zustand der Erleuchtung.

8. *Ist das, was man die «Seele» des Menschen nennt, eine vom Körper getrennte oder trennbare Wesenheit, oder ist alles Seelische nur eine Äußerung und Funktion materieller und physiologischer Prozesse?*

Da der Buddha, wie bereits erwähnt, den Substanzbegriff ablehnte, zugunsten der Momentanheit aller Daseinselemente und des dynamischen Charakters der Wirklichkeit, so konnte selbst da, wo er vom Materiellen oder vom Körperlichen sprach, dies nicht im Sinne eines essentiellen Gegensatzes zum Psychischen aufgefasst werden, sondern nur im Sinne einer inneren und äußeren Erscheinungsform desselben Vorgangs. Der Zusammenhang zwischen Physischem und Psychischem, die prinzipielle Einheit geistiger und materieller Gesetzmäßigkeit wird hiermit proklamiert, wobei das Materielle zu einer sekundären Erscheinungsform des Geistigen oder zu einem Sonderfall psychischer Erfahrung wird. Der geist-körperliche Organismus *(nāma-rūpa)* des Individuums ist nach buddhistischer Auffassung das Produkt der Bildekräfte (*saṃskāra*) des Bewusstseins, sozusagen geronnenes, kristallisiertes, sichtbar gewordenes, materialisiertes Bewusstsein vergangener Daseinsmomente. Es ist das nach dem Prinzip der wirkenden Tat *(karma)* als vollendete Wirkung *(vipāka)* in Erscheinung tretende Bewusstsein. Das Seelische ist also nicht nur eine Äußerung und Funktion materieller und physiologischer Prozesse, sondern der Körper ist ein Produkt des Seelischen, d. h. der schöpferischen Kräfte des Bewusstseins.

9. *Gibt es eine Unsterblichkeit der menschlichen Person, oder besteht die Unsterblichkeit des Menschen lediglich in einem Weiterexistieren der ihn ausmachenden Elemente und Prozesse? Lässt sich etwas über die Frage sagen, ob der einzelne Mensch als Individualität schon vor seiner Geburt in irgendeiner Form vorhanden war und wie man sich seine Fortexistenz nach dem Tode vorzustellen hat?*

Eine Unsterblichkeit des Menschen, die lediglich in einem Weiterexistieren der ihn ausmachenden Elemente und Prozesse bestünde, wäre völlig sinnlos und hätte nicht das geringste Interesse für das menschliche Individuum. Ja, man könnte sich fragen, was ist der Sinn aller Individualität, aller Bewusstheit, wenn die Erfahrungsinhalte jeder Existenz sich in einem Leerlauf unbewusster Prozesse und ewig aufeinanderfolgender elementarer Neugestaltungen erschöpfen würden? Die Erhaltung von «Kraft und Stoff» mag den Materialisten intellektuell befriedigen; den geistigen Menschen, der sich seiner tieferen Vergangenheit und seiner seelischen Kontinuität und Wachstumsmöglichkeiten bewusst ist, können solche Schlagworte nicht beeindrucken.

Zu der Frage, ob der einzelne Mensch als Individualität schon vor seiner Geburt in irgendeiner Form vorhanden war und wie man sich die Fortexistenz nach dem Tode vorzustellen hat, gibt der Buddhismus eine klare, auf Beobachtung und innerer Erfahrung beruhende (und durch meditative Erfahrung nachprüfbare) Antwort, die weder eines Jenseitsglaubens noch auch komplizierter metaphysischer Hypothesen bedarf, sondern durch ihre Einfachheit und Natürlichkeit für sich selber spricht und somit selbst für den noch nicht Überzeugten, aber unvoreingenommenen Geist zumindest den Vorteil einer annehmbaren Arbeitshypothese hat.

Die Antwort des Buddhismus ist, daß Geburt und Tod denselben Vorgang darstellen – nur von zwei verschiedenen Seiten gesehen: so wie dieselbe Türe als Eingang oder Ausgang bezeichnet werden kann, je nachdem wir sie vom Äußeren oder Inneren eines Raumes betrachten. In anderen Worten: wir sind schon unzählige Male durch die Pforte des Todes und der Geburt gegangen, und unser jetziges Leben ist nichts anderes als das «Jenseits« oder richtiger, die Fortsetzung unserer vorigen und aller vorhergegangenen Existenzen.

Individuelle Fortdauer ist jedoch nicht als das Fortbestehen einer unveränderlichen, sich ewig gleichbleibenden Seelensubstanz einer für sich bestehenden, einmaligen Persönlichkeit zu verstehen, sondern als die Kontinuität einer ständig wachsenden und im Wachstum sich verwandelnden Bewusstseinskraft, in der jede neue Erfahrung zur Erweiterung des geistigen Horizontes und zur Bereicherung des inneren Lebens und seiner Beziehungen zur Umwelt beiträgt, bis der Zustand des vollen Erwachens zur Universalität, zum Erlebnis der Ganzheit, verwirklicht ist. Die Konservierung der Erfahrungsinhalte des Bewusstseins ist jedoch nicht gleichbedeutend mit der willentlichen Erinnerungsfähigkeit unseres Intellektes, d. h. unseres aktiven peripherischen Bewusstseins, das unseren zeitlich und räumlich bedingten Notwendigkeiten und Zielen des gegenwärtigen Lebens dient.

Das Gedächtnis des Tiefenbewusstseins ist nicht eine Art Rumpelkammer, in der ununterschiedlich alles vom Oberflächenbewusstsein als nutzlos Abgestoßene oder für wertlos Erachtete aufgespeichert wird, sondern es hat die Eigenschaft, alle Erfahrungsinhalte in solcher Weise zu assimilieren und zu verwandeln, daß sie, aller zeitlichen und persönlichen Trivialitäten und Zufälligkeiten entkleidet, sich zu lebendigen archetypischen Symbolformen kristallisieren und sich zu einem Netz unendlicher Beziehungen zusammenfügen, deren Zentrum das individuelle Tiefenbewusstsein ist. Da dieses Zentrum aber nicht statisch ist, sondern sich infolge ständig neu einströmender Erfahrungsinhalte in dauernder Fortbewegung befindet, so wird dieses Zentrum zu einer zentralen Achse psychischen Wachstums, die sich durch zahllose, einander bedingende und ununterbrochen aufeinanderfolgende Existenzen erstreckt.

Der Übergang von einer Existenz zur anderen hat jedoch nach buddhistischer Vorstellung nichts mit einer «Seelenwanderung» zu tun, in der eine seelische Wesenheit oder Entität (im Sinne einer in sich abgeschlossenen, sich gleichbleibenden seelischen Einheit) von einem Körper zum anderen wandert, sondern ist eher als eine Art Zentrumsverschiebung einer räumlich und zeitlich nicht begrenzten Bewusstseinskraft auf der Achse ihrer Entwicklungsrichtung zu verstehen.

Wir können also eher von einer kontinuierlichen «Seelen*wandlung*» reden, deren einzige Konstante die auf innerer Kausalität beruhende

Richtung oder «Achse» ihres Wachstums, ihrer Entwicklung, ist. Die Tiefendimension unseres Bewusstseins reicht nach buddhistischer Auffassung wie auch nach der moderner Tiefenpsychologie in eine anfanglose Vergangenheit zurück und hat darum das gesamte Universum zur Basis, obwohl nur diejenigen Inhalte in den Bereich unserer Wahrnehmung kommen, die zu den Notwendigkeiten unserer augenblicklichen Situation oder den Interessen und Bestrebungen unseres Intellektes in direkter Beziehung stehen. So wie die Tiefendimension unseres Bewusstseins zeitlich nicht begrenzt ist, so ist auch die Weitendimension, d. h. die Dimension unseres Gegenwartsraumes, nicht begrenzt, was mit anderen Worten heißt, daß Bewusstsein zwar individuell zentriert ist (individueller Zentrierung bedarf, um sich selbst bewusst zu werden), daß es aber nicht mit den körperlichen Grenzen oder den körperlichen Organen, in denen es zentriert ist, identisch ist.

Alle Fernwirkungen des Geistes und der psychischen Wahrnehmung (Telepathie, «extra-sensorial perception» (ESP), Telekinese oder dergl.), die in zahlreichen Versuchen der experimentellen Psychologie nachgewiesen worden sind, weisen auf eine räumliche Unbegrenztheit des Bewusstseins hin. Jedes individuelle Bewusstsein ist sozusagen ein Strahlungszentrum, das alle anderen gleichzeitig bestehenden Bewusstseinszentren (in stärkerem oder in schwächerem Maße) durchdringt, in oder mit ihnen lebt und sie je nach Maßgabe ihrer «geist-räumlichen» oder entwicklungsmäßigen Position oder psychischen Abstimmung beeinflusst.

Und so, wie wir selbst in uns am Bewusstsein unzähliger Wesen teilnehmen, auf deren Schwingungen wir, je nach Abstimmung, d. h. Empfänglichkeitsbereitschaft und Affinität unserer eigenen Natur, reagieren – so besteht im Augenblick unseres physischen Todes weder die Notwendigkeit einer psychischen Transmigration oder einer «Suche nach einem neuen Mutterschoß», sondern innerhalb des schon von jeher eingenommenen geistigen Raumes wird im Augenblick, in dem das eine Zentrum als Wirkensbasis des Bewusstseins verschwindet oder inadäquat wird, notwendigerweise ein anderer Punkt zum Zentrum des Bewusstseins: nämlich der, dem unser tiefstes Wesen am meisten entspricht oder, negativ ausgedrückt, dessen Widerstand am geringsten ist.

Geringster Widerstand kann natürlich nur dort sein, wo noch kein selbständiger Organismus existiert, sondern nur der Keim oder die Lebensbedingungen für einen solchen. Und die größte Affinität oder gleichartigste Abstimmung kann nur dort sein, wo die Anlagen eines solchen Lebenskeimes oder die psychischen Bedingungen, unter denen er zur Entstehung kommt, dem Wesen oder der Eigenart des zu neuer Verkörperung drängenden Bewusstseins die größten Entfaltungs- und Ausdrucksmöglichkeiten geben.

Das «Hier-Verschwinden» und «Dort-in-Erscheinung-Treten» (wie das Sterben und Wiedergeborenwerden in den buddhistischen Texten oft genannt wird) ist also mit keinerlei räumlicher Bewegung oder «Wanderung» einer Geisteswesenheit verbunden und kann daher auch kein zeitliches Problem sein. Die Zentrumsverschiebung des Bewusstseins mag durch das folgende Gleichnis verständlicher gemacht werden: Das Bewusstsein des Menschen gleicht einem großen Banyan-Baum, der unzählige Luftwurzeln hat. Der Hauptstamm stellt das augenblickliche Bewusstseinszentrum des Menschen dar, in dem er sich als Individuum bewusst ist. Die unzähligen Luftwurzeln stellen die Beziehungen seines nach allen Seiten ausstrahlenden Bewusstseins zu anderen Wesen oder potentiellen Lebenszentren dar.

Der Hauptstamm altert, und wenn er eines Tages zerfällt, wird automatisch die nächstgrößte Luftwurzel zum Hauptstamm und Zentrum («Ich») des Baumes. So kann eine Zentrumsverschiebung stattfinden ohne Bewegung des Zentrums.

Es hängt somit von unserem Geisteszustand ab, d. h. von der Reife und Richtung unseres Bewusstseins, in welchem Boden wir Wurzel schlagen: in dem einer höheren Wirklichkeits- und Wesensstufe (einer höheren Bewusstseinsdimension), die uns dem Erwachen zur Ganzheit näherbringt und somit zu unserer wahren Unsterblichkeit – oder zu einer größeren Verhaftung und Identifizierung mit den kleinen Zielen und Grenzen unseres sterblichen Daseins, unserer vergänglichen Persönlichkeit.

Sterblichkeit wie Unsterblichkeit liegen im Bewusstsein des Menschen beschlossen. Unsterblichkeit aber bezieht sich nicht auf die Erhaltung unserer Persönlichkeit, sondern besteht in der Wiederentdeckung jener Beziehungen, die uns als Exponenten eines unvergänglichen Ganzen erweisen. In der Wiederentdeckung dieser Beziehungen besteht das seelische Wachstum des Menschen, und seine Individualität ist der notwendige Durchgangspunkt zum Erlebnis seiner Universalität, zum Erwachen in die höchste Wirklichkeit.

«Unser Selbst muss, um zu leben, beständig in seiner Form sich wandeln und wachsen; man könnte sagen, daß gleichzeitig ein beständiges Leben in ihm vor sich geht. In Wahrheit werben wir um den Tod, wenn wir dem Tode ausweichen, wenn wir dieser Form des Selbst Dauer verleihen möchten, wenn das Selbst keinen Trieb fühlt, über sich hinauszuwachsen, wenn es seine Grenzen als endgültig nimmt und demgemäß handelt.»[3]

3 Rabindranath Tagore, *Sâdhanâ* (1913), Kapitel IV, The Problem of Self.

Wachstum aber bedeutet nicht nur dauernde Veränderung und Verwandlung, sondern ebenso Kontinuität; und diese Kontinuität ist es, die der Bewegung und Verwandlung Ziel und Sinn gibt. Diese Kontinuität kann nicht durch ein Festhalten an Vergangenem oder Vergänglichem hergestellt werden, sondern durch die bewusste Richtung unseres Fortschreitens, in der, aus dem organischen Zusammenhang mit Vergangenem, ein Verständnis des Gegenwärtigen und eine sinnvolle Gestaltung des Zukünftigen erwächst. Die Wiedergeburtslehre des Buddhismus – gleichgültig, ob es gelingt, sie wissenschaftlich oder experimentell zu beweisen (obwohl viele Erfahrungstatsachen dafür sprechen) – ist darum von höchster Bedeutung, denn sie spannt das Individuum in jene größeren Lebenszusammenhänge, die seiner Existenz Sinn und Weite geben. Die einzige Kontinuität aber, die alle Lebensformen überbrückt und alle ihre Erfahrungsinhalte zu einem organischen Ganzen verwebt, ist jenes universelle Bewusstsein *(ālaya-vijñāna)*, das wie ein Ozean alle individuellen Strömungen umfasst und trägt.

10. *Worin besteht das «Heil» des Menschen? In der möglichst vollkommenen Ausbildung und Ausschöpfung seiner Anlagen und der bestmöglichen Erfüllung der individuellen und gesellschaftlichen Aufgaben, die ihm seine Zeit stellt, oder in der Konzentration auf jene Talente und Tugenden, die ihn mit der «anderen Wirklichkeit» in Berührung bringen und auf sie vorbereiten? Ist es vor allem wichtig, daß der Mensch sich unablässig darum bemüht, die Heilswahrheiten seiner Religion zu erkennen, oder ist es wichtiger, daß er sich in seinem Leben den ethischen Forderungen seiner Religion entsprechend verhält?*

Das Heil des Menschen besteht nach der Lehre des Buddha in seinem Erwachen zur Wirklichkeit – zur Ganzheit – durch Überwindung von Gier, Hass und Verblendung. Die Verblendung besteht in dem Wahn einer separaten Ichheit, die im Kampf um ihre Selbsterhaltung alles hasst, was ihr entgegensteht, und die begehrt, was ihr Genuss bereitet oder ihren selbstischen Zwecken dient. Nur Einsicht in die potentielle Universalität unseres Wesens und die Gesetze alles Lebendigen kann uns von diesem Wahn und seinen leidbringenden Konsequenzen befreien.

Diese Einsicht kann auf dem dreifachen Wege der Welterfahrung, der Weltüberwindung und der Weltverwandlung gewonnen werden. Der Weg der Welterfahrung gipfelt in der Erkenntnis des Leidens und seiner Ursachen, der Weg der Weltüberwindung gipfelt in der Aufhebung der Leidensursachen durch Selbstentäußerung, der Weg der Weltverwandlung gipfelt in der Verwirklichung der Ganzheit, in der die Dualität von Welt und Ich aufgehoben ist. Es handelt sich hier nicht um drei verschiedene, voneinander getrennte Wege, sondern um drei Phasen oder Aspekte desselben Weges, die sowohl als ein Nacheinander wie auch als ein Miteinander aufgefasst werden können.

Schon im Frühbuddhismus wurden diese drei Phasen oder Aspekte als Grundlage des buddhistischen Heilsweges erkannt und als *paññā* (Pāli, Sanskrit: *prajñā), sīla* und *samādhi* formuliert, wobei *paññā* die Harmonie zwischen unserem Geist oder Erkenntnisvermögen und den Gesetzen der Lebenswirklichkeit darstellt, *sīla* die Harmonie zwischen unseren Überzeugungen und unseren Handlungen, und *samādhi* die Harmonie zwischen unserem Gefühl, unserem Wissen und unserem Wollen, d. h. die Integrierung aller unserer schöpferischen Kräfte. In anderen Worten: *paññā* ist das Erkenntnisprinzip, *sīla* das Sittlichkeitsprinzip und *samādhi* das Einheitsprinzip des integrierenden Erlebens.[4]

Der vom Buddha aufgezeigte Weg umfasst also den ganzen Menschen. In der vollkommenen Ausbildung und Ausschöpfung seiner Geistesanlagen entwickelt er sein Erkenntnisvermögen. In der Erfüllung seiner individuellen und gesellschaftlichen Pflichten entwickelt er seine ethischen Qualitäten, und durch Konzentration aufs Innere entwickelt er jene Kräfte und Eigenschaften, die ihn mit der «anderen Wirklichkeit» in Berührung bringen.

Wir haben es also nicht mit einem «Entweder-Oder» des äußeren oder des inneren Weges zu tun, einer Wahl zwischen aktivem und kontemplativem Leben, sondern einem «Sowohl-Als-auch». Was wir im Inneren gewonnen haben, muss sich im Äußeren bewähren; was wir in der äußeren Welt erfahren, muss in der inneren verarbeitet und verwandelt werden.

Dem Buddhisten genügt es nicht, den ethischen Forderungen seiner Religion nachzukommen, sofern er nicht ihre Berechtigung erkannt hat, sofern seine eigene Überzeugung nicht dahintersteht. Die Erkenntnis der Heilswahrheiten ist der erste Schritt auf dem religiösen Wege, Ethik ist die natürliche Folge. Tugend, die nur auf Konformitätsstreben oder Furcht vor der Missbilligung anderer beruht, mag von temporärem Vorteil sein, aber sie besitzt keinen ethischen, keinen geistigen Wert. Eine Erkenntnis aber, die sich nicht in entsprechendem Handeln auswirkt, ist überhaupt keine zur Überzeugung gewordene Erkenntnis, sondern bestenfalls ein Fürwahrhalten. Der bloße Glaube, im Sinne eines solchen Fürwahrhaltens religiöser Dogmen, ist ebenso wertlos wie eine auf Konformitätsstreben begründete Tugend.

4 Vgl. Lama Anagarika Govinda: *Die psychologische Haltung der frühbuddhistischen Philosophie*. Zürich 1962.

11. *Welche Bedeutung haben das Leiden und das Glück für die Vervollkommnung des Menschen? Soll er für sich und alle anderen ein glückliches Leben anstreben und es bei jenen Konflikts- und Leidenssituationen bewenden lassen, die sich auf Grund der Unzulänglichkeit alles Menschlichen ohnehin nicht vermeiden lassen, oder soll er zur Prüfung und Läuterung seines Wesens Leidenssituationen* wenn *nicht schaffen, so doch zumindest nicht beseitigen wollen?*

Leiden und Glück sind die Prüfsteine des Charakters, die positiven und negativen Vorzeichen unseres Erlebens und die Wertmesser der Erfahrung. Freude und Leid verhalten sich zueinander nicht wie Wert zu Unwert, denn es gibt Freuden, die wertlos, wenn nicht gar schadenbringend sind, und Leiden, die in hohem Grade förderlich und darum von bleibendem Wert sind. Im allgemeinen aber ist es so, daß Freude ein Zeichen der Harmonie und Leiden ein Symptom der Disharmonie ist, und daß beide darum Gradmesser unseres richtigen oder falschen Verhaltens sind.

Wir leiden in erster Linie an unserer eigenen Unvollkommenheit, und indem wir leiden, werden wir uns ihrer bewusst, und es erwacht in uns das Streben nach Vervollkommnung. In dem Maße aber, in dem wir unsere Unvollkommenheiten und Beschränkungen überwinden, werden wir freier und glücklicher. Ein vollkommener Mensch müsste somit vollkommen leidfrei und vollkommen glücklich sein. Kann aber Glückseligkeit ohne den Kontrast des Leidens empfunden werden?

Die Antwort des Buddhismus ist: der Vollkommene nennt zwar kein Leiden mehr sein eigen, aber die Fähigkeit des Mitleidens bleibt ihm erhalten und in gleicher Weise die Freude des Helfens und die Mitfreude, die aus der Anteilnahme am Wohle des Nächsten wächst. Das

Mitgefühl wird somit zur «raison d'être» der Vollendeten und ist eines der wesentlichsten Zeichen innerer Reife. Je weiter wir in unserer seelischen Entwicklung fortschreiten, desto freier werden wir von Begrenzungen, desto weiter wird unser geistiger Horizont – und desto weniger ist es möglich, für uns selbst Glück zu suchen oder nach unserer eigenen Erlösung, ja, nach dem eigenen «Seelenheil» zu streben, ohne alle anderen Wesen darin einzuschließen.

Dies hat nichts mit sozialen Wohltätigkeitsbestrebungen zu tun, sondern mit unserer inneren Haltung, aus der ungesucht und spontan unser Handeln den Mitwesen gegenüber entspringt, so wie die Umstände unseres Lebens es erfordern. Da es ohnedies (nach buddhistischer Vorstellung) für den Erkennenden ein unwandelbares «Ich» oder ein separates, für sich selbst existierendes Seelenwesen nicht gibt, sondern statt dessen ein allbezogenes seelisches Kontinuum, so ist selbst als Theorie ein Streben nach dem «eigenen» Glück oder der «eigenen» Erlösung nicht möglich ohne Einschluss aller anderen Wesen.

Hierauf gründet sich die Idee des Bodhisattva-Ideals des «Großen Fahrzeugs» oder des «Großen Weges» *(mahāyāna)* der buddhistischen Lehre, die sich nicht mit dem Ziel der eigenen, möglichst schnellen Leidenserlösung durch Weltflucht – wie es die Vertreter des «Kleinen Fahrzeuges» *(hīnayāna)* propagieren – begnügt, sondern von vornherein das Heil aller Wesen und somit das Ideal der vollkommenen Erleuchtung *(samyak-saṃbodhi)* zum Ziele setzt. Mit dieser Einstellung wechselt die Bewertung des allem Leben notwendigerweise anhaftenden Leidens. In dem Augenblick, in dem wir, statt vor ihm zu fliehen, es willig auf uns nehmen, verliert das Leiden nicht nur seine Schrecken und seine Macht über uns, sondern wird zur Quelle neuer Kraft.

Die Leiden der Welt auf sich zu nehmen bedeutet aber nicht, daß man das Leiden suchen oder sich selbst zufügen soll in dem Glauben, sich hierdurch zu läutern oder Buße zu tun. Dies würde uns nur in unserer egozentrischen Haltung bestärken und zu krankhaften Geisteszuständen oder seelischen Gleichgewichtsstörungen führen. Wer sich aber eins fühlt mit allem, was da lebt, und die Leiden anderer als die eigenen empfindet, dem erscheint nicht nur das eigene Ungemach gering, sondern ihm fließt aus dieser inneren Verbundenheit auch die Kraft zu, zur Befreiung aller Wesen zu wirken und in diesem Streben die eigene Erlösung zu finden.

12. *Zeigt die Menschheitsgeschichte eine Entwicklung* im *Sinne des Fortschritts? Gibt es außer dem technisch-zivilisatorischen Fortschritt auch einen Fortschritt der Humanität und Weisheit? Kann der Mensch etwas dazu tun, und soll er vor allem seine persönliche, geistige und ethische Vervollkommnung oder aber die «Erlösung» aller Menschen anstreben?*

Die Erlösung aller Menschen anzustreben bedeutet nicht, daß man sich zum «Erretter der Menschheit» aufwerfen soll, sondern daß man seine persönliche, geistige und ethische Vervollkommnung «sub specie aeternitatis» betrachten und sie in den *Dienst* der Menschheitsentwicklung stellen soll. Hier erhebt sich die Frage: gibt es überhaupt so etwas wie eine Menschheitsentwicklung im Sinne wesentlicher menschlicher Qualitäten und nicht nur in der Technik und im intellektuellen Wissen?

Trotz der riesigen Vermehrung dieses Wissens und trotz aller zivilisatorischen Fortschritte sind wir bis zum heutigen Tage noch keinen Schritt über die Weisheit eines Buddha, eines Laotse, eines Plato, eines Christus oder eines Mohammed hinausgekommen. Dennoch können wir nicht behaupten, daß diese großen Lehrer der Menschheit umsonst gelebt hätten. Millionen von Menschen wurden durch sie auf den Weg der Selbstverwirklichung gebracht, und große, bis zum heutigen Tage lebendige und wachsende Kulturen wurden durch sie ins Leben gerufen und wurden nicht nur das Geistesgut ganzer Völker und Rassen, sondern sind im Begriff, *Menschheitsgut* im weitesten Sinne zu werden.

An Stelle von Kämpfen verschiedener Religions- und Kulturgemeinschaften vollziehen sich langsam ein Kulturaustausch und ein gegenseitiges Sichdurchdringen der Religionen, wodurch die einzelnen Bekenntnisse gezwungen werden, sich auf das Wesentliche ihres religiösen Lebens und Erlebens zu besinnen und sich von den Krusten dogmatischer Verhärtungen und zeitbedingter Begriffsformungen zu befreien. Es ist hier, daß wir von einer Menschheitsentwicklung im Sinne eines geistigen Fortschritts reden können. Dadurch, daß die Erfahrungen der Vergangenheit und der Gegenwart zum Allgemeingut der Menschheit werden, vollzieht sich eine Reifung im menschlichen Bewusstsein, deren Folgen heutzutage noch nicht abzusehen sind.

Das Verhältnis der Religionen untereinander

13. *Enthalten die Grundaussagen aller Religionen Wahrheiten? Sind einige Religionen mehr und andere weniger wahr, oder kann nur eine einzige wahr sein; und alle anderen wären falsch? Gibt es einen Unterschied zwischen dem, was man «Religion», und dem, was man «Glauben» nennt?*

Wahrheit ist eine Bedingung unseres Geistes. Sie ist nicht nur die Übereinstimmung einer Aussage oder einer Wahrnehmung mit einem unabhängig von der Wahrnehmung existierenden Objekt, denn die Objektauffassung oder Wahrnehmung ist selbst bereits ein geistiger Akt der Auswahl, Abgrenzung und Formgebung, also gewissermaßen ein «schöpferischer» Akt, wenn auch meist unbewusster und unpersönlicher Art. Wahrheit ist also nur der adäquate, d. h. in sich widerspruchslose Ausdruck einer Objektwahrnehmung oder eines Erlebnisinhaltes. Letzteres bezieht sich vor allem auf die metaphysischen Wahrheiten der Religionen. «Das Kennzeichen metaphysischer Wahrheiten ist somit ihre Fähigkeit, verständlicher Ausdruck eines lebendigen Weltgefühls zu sein.»[5]

Die Wahrheiten der Religion sind somit bedeutsam, nicht weil sie objektiv nachweisbare Tatsachen darstellen, sondern weil sie auf urtümliche, allgemein-menschliche Erlebnisse zurückgehen und somit der Ausdruck eines lebendigen Weltgefühls sind. Von dem Maße, in dem dieses Weltgefühl allgemeinverständlich, also nicht nur zeit- oder volksbedingt ist, hängt die Universalität oder der Wirkungsbereich einer Religion ab. Der Wahrheitsgehalt einer Religion besteht somit in seinem Erlebnisgehalt. Selbst die tiefsten Aussagen einer Religion sind wertlos, wenn sie nicht nacherlebt werden können. Dies ist der Grund, warum viele der alten Religionen starben. Sie starben, trotzdem ihre Aussagen, Symbole und Ritualformen noch für eine lange Zeit erhalten blieben, weil sie nicht mehr nacherlebt werden konnten.

Die Allgemeingültigkeit einer Religion hängt also von der allgemeinen Nacherlebbarkeit ihrer Inhalte ab und nicht von einem abstrakten «Wahrheitsgehalt». Es gibt somit keine Religion, die Anspruch auf den alleinigen Besitz der Wahrheit erheben kann und ebenso wenig auf den alleinigen Besitz des allen Menschen zugänglichen Tiefenerlebnisses.

5 Robert Reininger: *Metaphysik der Wirklichkeit*. 2. Aufl., Wien 1947/48, Bd. 1, S. 209.

Dieses Tiefenerlebnis, das, je nach dem Temperament und dem Entwicklungsniveau des Individuums, verschiedene Formen annehmen kann, ist jene innere Gewissheit, die wir «Glauben» nennen: Glauben nicht im Sinne bloßen Fürwahrhaltens eines Dogmas oder einer nicht nachprüfbaren Offenbarung, sondern als eine «Richtung des Herzens». Der Glaube *(faith)* unterscheidet sich in gleicher Weise vom Fürwahrhalten *(belief)* wie die Religion vom Dogma. Religion ist der organisch gewachsene Ausdruck eines zur Weltanschauung gewordenen Lebensgefühls, Dogma seine intellektuelle, logisch-abstrakte Formulierung. Der Glaube aber verhält sich zur Religion wie das individuelle Erleben zu einer überindividuellen, organisch gestalteten Weltanschauung, in der die Erlebnisse vieler Individuen zusammengeflossen und zu einer höheren Einheit verschmolzen sind. Es gibt daher keine Religion ohne Glauben, wohl aber einen Glauben ohne Religion.

Der Unterschied zwischen Glauben als einem intellektuellen «Fürwahrhalten» *(belief)* und als einer «Richtung des Herzens» *(faith)* wird besonders deutlich im Buddhismus. Der Buddha ermahnte seine Jünger, nichts auf bloßes Hörensagen zu glauben und ebenso wenig seinen eigenen Worten blind zu folgen oder sie auf Grund persönlicher Loyalität und Anhänglichkeit an ihn zu akzeptieren, sondern nur dann, wenn sie seine Lehren durch eigene Erfahrung und Einsicht geprüft und für wahr befunden hätten. Gleichzeitig aber wies er darauf hin, daß innere Aufgeschlossenheit, wie es in *saddhā* (Pāli; Sanskrit: *śraddhā),* dem gläubigen Vertrauen, zum Ausdruck kommt, der erste Schritt auf dem Wege des Verstehens und Nacherlebens seiner Lehre ist. Ihr Motto ist: «Komm und sieh!» («überzeuge dich durch eigene Erfahrung!») - Sowenig wir aber sehen können, ohne unsere Augen zu öffnen, sowenig können wir verstehen, ohne uns innerlich zu öffnen. Ohne Vertrauen können wir auch vom besten Lehrer nichts lernen. Aber ebenso wenig wie das innere und das äußere Sehen sich zu widersprechen brauchen, sowenig ist es notwendig, daß das innere Erleben den Gesetzen der Vernunft und des klaren Denkens widerspricht. Der Buddhismus respektiert beides, ohne deshalb in den Fehler zu verfallen, daß wir durch Vernunft und Denken allein zum Erfassen der Wirklichkeit vordringen (oder dieselbe «beweisen») können.

14. *Hängt die Erkenntnis der Wahrheit eines Glaubens von der intellektuellen oder moralischen Reife des einzelnen Menschen ab? Ist das religiöse Weltverständnis von dem jeweiligen Charakter, der jeweiligen Intelligenz, dem jeweiligen Bewusstseinsgrad des einzelnen Menschen abhängig, etwa in der Art, wie die verschiedenen Volksreligionen den Charakter und die Situation der Gesellschaft widerspiegeln, in der sie entstanden sind? Oder gibt es die für alle Menschen zu allen Zeiten gültige wahre Religion an sich?*

Die Erkenntnis der Wahrheit eines Glaubens hängt nicht so sehr von der intellektuellen als von der moralischen Reife des einzelnen Menschen ab, denn diese Erkenntnis beruht mehr auf Erfahrung als auf diskursivem Denken. Das religiöse *Weltverständnis* jedoch setzt bereits eine Auseinandersetzung des Individuums mit der Umwelt voraus, und diese ist weitgehend von der Intelligenz, der Beobachtungsgabe, der Weite des Wissens und der sozialen Verhältnisse abhängig.

Der primitive Mensch denkt in Symbolen, der Intellektuelle in Begriffen, der geistig entwickelte Mensch, der über die Grenzen des begrifflichen Denkens hinausgeht (ohne es zu verachten, da er es in seinem Anwendungsbereich anerkennt), kehrt wieder zurück zu den

Symbolen – jedoch in voller Erkenntnis ihres Symbolcharakters. Dies führt nicht zu einer Minderung ihres Wirklichkeitsgehaltes, sondern zum Verständnis ihrer vieldimensionalen Natur. Auch die höhere Mathematik ist reine Symbolsprache und ebendarum geeignet, in Dimensionen vorzustoßen, die jenseits aller sinnenweltlichen Erfahrung liegen. Während jedoch die Symbolsprache der Mathematik und der Physik über das Erlebbare hinausgehen, führt die Symbolsprache der Religion zurück zum Erleben jener Wirklichkeit, aus der alle religiöse Erfahrung fließt. Das Wort «zurück» soll jedoch nicht bedeuten, daß wir uns auf Vergangenes, auf vergangene Erfahrungsinhalte oder primitive Bewusstseinszustände beziehen, auf deren Niveau wir uns künstlich zurückzuschrauben versuchen, sondern es bedeutet die Wiedergewinnung einer uns jederzeit zugänglichen, aber zeitweise vernachlässigten Erlebniswirklichkeit, ausgehend von der Ebene unsres gegenwärtigen Bewusstseinsniveaus, d. h. unter Einbeziehung aller inzwischen erworbenen Erfahrungswerte. Wir sehen somit dieselbe Wirklichkeit mit neuen Augen, unter einem neuen Gesichtswinkel, um viele Erfahrungsdimensionen bereichert. Darum kann es kein «Zurückgehen» auf archaische Formen geben, wohl aber ein Neuerleben, eine Vergegenwärtigung der gleichen Formen in lebendiger Bezogenheit auf das hier und jetzt Bestehende. Was im archaischen Menschen noch unbewusst oder nur wie eine Ahnung, wie ein Vorgefühl aus dem Symbol wirkte, das wird in Menschen späterer Zeiten zu bewusster Anschauung. Solange diese Anschauung sich nicht zum Begriff verengt, bleibt ihr Wirklichkeitscharakter erhalten. Im Begriff isolieren wir einen Einzelaspekt aus der Fülle des Erlebten und berauben ihn somit seiner lebendigen Beziehungen.

Solange wir daher Religion mit begrifflichem Denken zu erfassen suchen, gehen wir am wesentlichen Inhalt der Religion vorbei. Erst wenn wir die Symbolsprache der Religion verstehen, können wir uns mit ihrem Inhalt auseinandersetzen. Die Lebensdauer eines Symbols hängt davon ab, ob es universellen, kulturbedingten, rassebedingten, gesellschaftsbedingten oder individuell bedingten Charakter hat, d. h. welcher Tiefenzone des Bewusstseins es angehört.

Je universeller die Symbole einer Religion sind, desto größer ist ihre Lebensdauer und Bedeutung für die Menschheit. Aber keine Religion kann sich ausschließlich auf die tiefste Zone des Tiefenbewusstseins beschränken, ohne den Kontakt mit dem peripherischen Bewusstsein des alltäglichen und individuellen Lebens zu verlieren. Somit stellt jede Religion ein hierarchisch geordnetes System oder eine Stufenfolge von Symbolen dar, angefangen von den universell-archetypischen der tiefsten Zone bis herauf zu den traditions- und zeitgebundenen, die eine einmalige, historisch und räumlich bedingte Situation charakterisieren.

In der Tiefenzone liegt der gemeinsame Ursprung aller religiösen Erfahrung, und von ihr radial, d. h. in divergierenden Richtungen, ausgehend, stellen die einzelnen Glaubensformen die Verbindung mit der Peripherie her, entsprechend der kulturellen Umwelt, in der sie entstanden. *Der Buddhismus kann darum keine Religionsform, keine in Worten ausdrückbare Lehre als endgültig oder allein wahr betrachten.* – Der Buddha selbst sprach von seiner Lehre als von einem Floß, das dazu dient, den Ozean des Lebens zu überqueren. Das Floß ist nur ein Notbehelf, um an das jenseitige Ufer jener «anderen», vollen «Wirklichkeit» zu gelangen, nicht aber etwas, an das wir uns anklammern sollen wie an einen kostbaren Besitz. Sobald es seinen Zweck erfüllt hat, müssen wir es loslassen.

Ein Mann, der auf einem Floß sich über ein großes Wasser gerettet hat und, am anderen Ufer angekommen, das Floß auf dem Kopfe mit sich herumtragen wollte, würde sich damit nur lächerlich machen. Wie viel lächerlicher aber sind jene, die, bevor sie sich über jene Flut gesetzt haben, über das Material, aus dem das Floß bestehen, oder die Weise, in der es zusammengefügt werden sollte, streiten, anstatt von dem ihnen zur Verfügung stehenden Material den bestmöglichen Gebrauch zu machen. Die Mehrzahl der Menschen aber klammert sich an die armseligen Bruchstücke ihres «Floßes», während sie noch am diesseitigen Ufer umherirren, und vergessen die Worte des Buddha: «Als Floß, ihr Jünger, will ich euch die Lehre weisen, zum Entrinnen tauglich, nicht zum Festhalten» (*Majjhimanikāya* 22).

15. *Wenn es die allein im Besitz der Wahrheit befindliche Religion gibt: warum sehen dies nicht alle Menschen ein, sobald sie mit ihr bekannt gemacht werden?*

Diese Frage wurde vom Autor zusammen mit Frage 16 beantwortet.

16. *Wie ist es zu erklären, daß sich innerhalb einer Religion oft sehr verschiedene Schulen und Richtungen entwickeln? Welche Bedeutung hat das Vorhandensein von solchen verschiedenen Richtungen für den Wahrheitsanspruch dieser Religion?*

Wie wir bereits im Vorhergehenden dargelegt haben, besteht die Wahrheit einer Religion – ebenso wie die Schönheit eines Kunstwerks – in den einmaligen und unnachahmlichen Wechselbeziehungen lebendiger Formsymbole, die als Ausdruck spontanen Erlebens sich zu einem harmonischen Ganzen, zu einem organischen Weltbild zusammenschließen. Sowenig es eine einzige, für alle Zeiten und für alle Menschen gültige Kunst gibt oder ein einziges, noch so vollkommenes

Kunstwerk den Sinn der Kunst oder der Schönheit erschöpfen kann, so kann keine noch so vollkommene Religionsform für alle Zeiten und für alle Menschen gültig sein oder den Sinn der Welt erschöpfen.

Dies ist der Grund, warum selbst innerhalb ein und derselben Religion dauernd neue Richtungen und Schulen entstehen müssen, wenn die Religion sich ihre Lebendigkeit und Wirklichkeitsnähe (die wir als Wahrheit empfinden) erhalten soll. Denn Leben bedeutet Wachstum, und Wachstum ist dauernde Verwandlung nach innerem Gesetz. Eine Religion, die sich nicht wandelt, ist tot. Da aber Verwandlung nicht willkürliche Veränderlichkeit ist, so bleibt die essentielle Identität einer Religion trotz aller Verwandlung bewahrt; man kann geradezu sagen, daß in ihrer Verwandlungsfähigkeit die Stärke ihrer Individualität und ihrer geistigen Prägung zutage tritt. Denn Wachstum ist sowohl ein Prozess der Entfaltung inhärenter Eigenschaften als auch der Assimilierung und Integrierung: ein Vorgang der Bereicherung. Es ist das Mysterium des Lebens, das an denen vorbeigeht, die im Festhalten, im Gleichbleibenwollen, sich dem geistigen Tode ausliefern.

17. *Lässt sich die religiöse Anlage und Bestimmung des Menschen nur durch das Bekenntnis zu einer der historischen Religionen verwirklichen, oder kann er auch außerhalb der bestehenden Religionen eine individuelle Antwort auf religiöse Fragen finden? Ist es wichtiger, daß der Mensch überhaupt einen Zugang zum Religiösen findet, oder kommt es allein darauf an, daß er den wahren Glauben bekennt? Ist das Verständnis für religiöse Fragen eine Voraussetzung für die Erkenntnis des wahren Glaubens?*

Diese Frage wurde vom Autor zusammen mit den Fragen 18, 19 und 20 beantwortet.

18. *Wie kann der Mensch den wahren Glauben oder auch den ihm gemäßen Glauben finden, wenn er nicht über alle Möglichkeiten der religiösen Weltdeutung informiert ist? Liegt es im Interesse der Religionen, daß möglichst alle Menschen mit möglichst allen religiösen Vorstellungen, die die Menschheit hervorgebracht hat, bekannt gemacht werden?*

19. *Sollen die Religionen ihre gesellschaftlichen und politischen Vorrechte zu bewahren trachten oder unter Verzicht auf solche Privilegien lediglich die freiwillige Zustimmung des Einzelnen suchen und sich auf jenen Einfluss beschränken, der der Zahl der sich wirklich Bekennenden entspricht?*

20. *Ist es denkbar, daß es nicht nur zu einem Gespräch und einer Auseinandersetzung, sondern auch zu einer Annäherung und Verschmelzung der Religionen kommt, oder wird die Auseinandersetzung mit dem Sieg der einen und mit dem Verschwinden aller anderen Religionen enden? Auf welche Entwicklung weist die heutige Situation hin?*

Das Vorhandensein verschiedener Richtungen innerhalb derselben Religion steht ihrem Wahrheitsanspruch nicht entgegen, da dieselbe Wahrheit (oder Wirklichkeit) ebenso viele Anschauungsformen wie Dimensionen hat. Da es somit etwas wie «*einen* wahren Glauben» nicht geben kann, so kann der Mensch auch außerhalb der durch Konvention anerkannten Religionen eine individuelle Antwort auf religiöse Fragen finden. Es ist wichtiger, daß der Mensch überhaupt einen Zugang zum Religiösen findet, als daß er sich zu einem anerkannten Glauben bekennt. Je tiefer unser Verständnis für religiöse Fragen ist, desto größer ist die Erkenntnisfähigkeit für das Wirkliche.

Dennoch ist es nicht notwendig, über alle Möglichkeiten religiöser Weltdeutung informiert zu sein, obwohl ein Wissen dieser Art nützlich ist und uns vor Intoleranz und geistiger Enge bewahrt. Die Religionsgemeinschaften selber sollten ein solches Wissen fördern, um sicher zu sein, daß diejenigen, die sich zu ihnen bekennen, dies nicht aus Unwissenheit anderer religiöser Wege oder aus geistiger Trägheit oder auf Grund gesellschaftlicher Vorteile oder Vorurteile tun, sondern aus ehrlicher Überzeugung. Dementsprechend sollten die Religionen sich auf die Zahl derer beschränken, die sich wirklich zu ihnen bekennen, und sich weder auf politische noch auf gesellschaftliche Vorrechte stützen.

In einem von allen Religionen geförderten geistigen Austausch würde es zu einer größeren Verständigung und vielleicht auch Annäherung zwischen den verschiedenen Religionen kommen, aber sicher nicht zur Verschmelzung oder zum Sieg der einen Religion über die andere. Ebenso wenig wie ein Temperament über das andere siegt, kann eine Religion über die andere siegen. Religionen sind jedoch nicht nur von Temperamenten abhängig, sondern von gewissen Urformen der menschlichen Psyche, die durch Klima, Rasse, Sprache, Kultur- oder Volksgemeinschaft bestimmt sind. Die Bedeutung dieser Urformen oder überindividuellen Symbole des menschlichen Tiefenbewusstseins (das in der westlichen Psychologie zum «Unbewussten» degradiert und dadurch weitgehend entwertet wurde in den Augen unserer Zeitgenossen, trotz Jungs heldenhafter Versuche, diesen Begriff von den negativen Vorurteilen Freuds zu befreien[6]) hängt ab von

6 «Die heutige psychologische Terminologie, die im Gegensatz zum Bewußtsein ein ‚Unbewußtes' postuliert, macht sich damit einer Verfälschung urgegebener psychosomatischer Tatbestände schuldig. Diese Terminologie und die durch sie falsch strukturierten Phänomene sind ein Schulbeispiel für die

der Weise, in der sie gegenseitig aufeinander bezogen sind oder Teile eines in sich geschlossenen Anschauungskreises werden.

Das gleiche Symbol kann in verschiedenen Anschauungskreisen entgegengesetzte Bedeutung haben. Die Flammenaura, die in christlicher Symbolik höllischen Emanationen zugeschrieben wird, wird in der tibetisch-buddhistischen als Symbol der Erkenntnis aufgefasst. Der Drache, der im Okzident der Inbegriff alles Bösen ist, ist im Fernen Osten ein Symbol höchster Geistigkeit. Die Sonne, die im Norden des Menschen Freund ist, wird in den heißen Ländern tropischer und subtropischer Zonen zum lebensfeindlichen Element. Der Islam, der in den heißen Wüsten Arabiens geboren wurde, erhebt darum den Mond zum höchsten Symbol, nicht aber die Sonne; und in der Mystik des indischen Yoga birgt die solare Kraft des nach außen gewandten individuellen Lebens das Gift des Todes, während die lunare, nach innen gewandte Kraft das Elixier der Unsterblichkeit enthält. Solche Beispiele ließen sich weitgehend vermehren.

Die meisten Missverständnisse oder Missdeutungen aber liegen auf dem Gebiet der Sprache, und auch hier sind es oft nicht die anerkannten Verschiedenheiten der Terminologie, die zu Missverständnissen führen, sondern gerade die identisch erscheinenden Begriffe und Ideen. Das gleiche Wort hat nicht die gleiche Bedeutung oder den gleichen Gefühlswert innerhalb verschiedener Religionen oder Kulturen. Kann es etwas Vieldeutigeres geben als das Wort «Gott»? Dem einen bedeutet es eine «Person», dem anderen ein «Prinzip», ein Gesetz, eine unpersönliche oder überpersönliche Macht. Und selbst unter denen, die

Fehlschlüsse, welche einem radikal angewandten Dualismus entspringen. Es gibt kein sogenanntes Unbewußtsein, es gibt nur verschiedene Arten des Bewußtseins» (Jean Gebser: *Ursprung und Gegenwart*, Band I, S. 327).

in Gott eine Person sehen, ist sein Charakter, je nach der Stellung, die er innerhalb ihrer Gefühlswelt oder ihres Weltbildes einnimmt, sehr verschieden: im alttestamentlichen Glauben ist er ein strenger, oft zu fürchtender Machthaber und Richter, nach christlichem Glauben ein gütiger Vater; in gewissen hinduistischen Sekten spielt er die Rolle eines Liebenden oder Geliebten, nach anderen indischen Glaubensvorstellungen ist er der Schöpfer der Welt, und die Welt ist sein Traum, in dem er sich selbst in der Unzahl der so geschaffenen unterschiedlichen Wesen erlebt – bis zum Erwachen aus seinem Traume. Und noch größer ist die Mannigfaltigkeit in den Auffassungen derer, die in Gott eine unpersönliche oder überpersönliche Macht sehen. Er kann hier entweder als immanent oder transzendent, als die Welt durchwesend oder die Welt übersteigend angesehen werden oder auch als ein Ausdruck inneren, menschlichen Erlebens, ein Symbol innerer Wirklichkeit oder psychischer Projektion.

Allen diesen Vorstellungen und Begriffen mag ein gemeinsames, nicht Definierbares zugrunde liegen, wie dies die Eigenschaft jeden Symboles ist, aber erst seine Beziehung zu den übrigen Teilen des jeweils herrschenden Weltbildes gibt dem Symbol seine Bedeutung. Somit besteht das Wesen jeder Religion oder Weltanschauung in den ihr eigentümlichen Relationen von Begriffen und Erfahrungssymbolen, nicht aber in bloßen Aussagen, die sich unabhängig vom Ganzen mit den Aussagen eines anderen Geistessystems vergleichen oder sich von ihm widerlegen lassen. «Es ist zwar natürlich, daß jeder, der eine Wahrheit gefunden zu haben glaubt, auch überzeugt ist, daß sie nicht nur für ihn Wahrheit sei, sondern für alle gelte, sofern sie sich seine Gründe zu eigen zu machen vermöchten. Aber diese vorausgesetzte Allgemeingültigkeit ist nicht ein primäres Kennzeichen der Wahrheit, sondern nur die natürliche Auslegung der Unwiderstehlichkeit des eigenen Zustimmungserlebnisses» (I, 203).[7] «Nicht also darum kann es sich handeln, in ein schon irgendwie bestehendes Reich an sich geltender Wahrheiten einzudringen, sondern einzig und allein darum, durch alle Zufälligkeiten und Irrgänge wirklicher Denkakte hindurch ein solches Reich der Wahrheit *aufzubauen,* wobei jene Vorwegnahme seiner Vollendung als niemals ganz erreichbares, aber anzustrebendes Ideal im Dienste der Idee der Wahrheit zu wirken vermag» (I, 197)[7].

In anderen Worten: die Wahrheit einer Religion oder Weltanschauung kann nie der Gegenstand eines Beweises sein – ebenso wenig wie die Existenz oder Nichtexistenz eines Gottes. Ein bewiesener Gott wäre ein endlicher Gott und somit seiner Göttlichkeit entkleidet. Und ebenso wäre eine Religion, die sich beweisen ließe, ihres Unendlichkeitscharakters und somit ihres religiösen Wertes beraubt. «Ein bewiesener, als Tatsache angebeteter Gott wäre ein schlimmerer Fetisch als das goldene Kalb», wie Keyserling einmal sagte.

Wahrheit besteht in der sinnvollen Koordinierung gegebener Erfahrungsinhalte im menschlichen Geiste, also in einem schöpferischen Akt, dessen Wirklichkeits- oder Wirkenswert (gleich dem eines Kunstwerkes) von der vollkommenen, d. h. widerspruchslosen Übereinstimmung aller Komponenten miteinander und mit dem sich ergebenden «Gesamtbild» abhängt, denn die Idee des Ganzen darf nie in Darstellung des Einzelnen vergessen werden. Von diesem Gesichtspunkt wird Kungfutses Wort verständlich, wenn er sagt: «Es ist nicht die Wahrheit, die den Menschen groß macht, sondern der Mensch, der die Wahrheit groß macht.» Und in gleicher Weise können wir sagen:

7 Robert Reininger: *Metaphysik der Wirklichkeit.* Wien 1931.

Es ist nicht die Religion, die den Menschen groß macht, sondern der Mensch, der die Religion groß macht; denn es ist nicht die Zugehörigkeit zu irgendeiner Religion, die uns zu besseren Menschen macht, sondern das, was wir aus der Religion machen, indem wir sie mit unserem eigenen Leben erfüllen und verwirklichen. Der Wert einer Religion erweist sich also nur durch das geistige und ethische Niveau ihrer Nachfolger.

Solange eine Religion ihre Anhänger mit jener universellen Tiefenzone ihres Bewusstseins – dem Unvergänglichen, Zeit-und Grenzenlosen, dem allumfassenden «göttlichen Urgrund alles Seins» - wieder zu verbinden imstande ist («re-ligio» von *re-ligare* = «wieder verbinden»), hat sie ihren Zweck erfüllt. Denn nur eine Religion, die imstande ist, unserem Dasein und der Welt, in der wir leben, Sinn zu geben und zu gleicher Zeit über das sinnfällig Gegebene und die Beschränktheit des Individuums hinauszuweisen auf eine höhere Wirklichkeit, die wir durch eigenes Bemühen zu erringen vermögen – nur eine solche Religion hat Wert und Daseinsberechtigung.

Das Kriterium der Religion wird darum in Zukunft nicht mehr ein intellektuell oder offenbarungsmäßig begründetes Dogma sein, sondern das religiöse *Erlebnis,* dessen Wirklichkeitsgehalt dem menschlichen Leben Richtung und Würde gibt. Hierauf weist die heutige Entwicklung interreligiöser Beziehungen hin, in denen, ungeachtet dogmatischer Differenzen, die bisher konkurrierenden und sich bekämpfenden Konfessionen die Streitaxt begraben haben in der Einsicht, daß in einem gegenseitigen Erfahrungsaustausch jede dieser Religionen mehr zu gewinnen als zu verlieren hat. Ein solcher Erfahrungsaustausch, wie ihn z. B. die Fondazione Cini an ihrem Kulturzentrum auf der Isola San Giorgio Maggiore in Venedig im Jahre 1960 veranstaltete und an dem der Verfasser dieser Zeilen Gelegenheit hatte, als Vertreter des Buddhismus (Mahāyāna) teilzunehmen, zeigte deutlich den großen ,Wandel, der sich im Laufe der letzten Jahrzehnte im religiösen Leben Europas vollzogen hat. Vertreter des Christentums (darunter einige der höchsten Würdenträger der katholischen Kirche) saßen Seite bei Seite mit denen des Islam, des Hinduismus, des Buddhismus (nördlicher und südlicher Richtung), des Shintoismus, des Judentums und des Jinismus, um eine Woche lang ihre religiösen Erfahrungen auszutauschen, wobei Gebet und Meditation die Hauptthemen bildeten. Es war eine Freude zu sehen, daß nach Jahrhunderten religiöser Kämpfe und Missverständnisse die Anhänger der verschiedensten Glaubensgemeinschaften im Geiste gegenseitiger Achtung und guten Willens zusammengekommen waren, nicht um die Superiorität des einen Glaubens über den anderen zu demonstrieren, sondern um einander besser verstehen zu lernen und das Gemeinsame, das alle Menschen verbindet, die an das Leben des Geistes glauben, zu stärken.

Im Austausch der Ideen und Erfahrungen zeigte es sich bald, daß der Bereich gegenseitiger Übereinstimmung bei weitem größer war als die Dinge, in denen wir uns voneinander unterschieden – und dies aus dem einfachen Grunde, weil wir uns nicht mit unseren Dogmen, sondern mit dem religiösen Erlebnis selbst beschäftigten. Unser Intellekt, unser Denken, unsere Interpretationen der Welt und unsere Stellung in ihr und zu ihr werden vorwiegend durch kulturhistorische und soziologische Faktoren, unsere Erziehung und unseren Bildungsgrad bestimmt; unsere tiefsten Erlebnisse jedoch gehören zu einem Bereich, der allen Menschen gemeinsam ist: es ist der gemeinsame Boden, auf dem wir alle stehen und aus dem alle religiösen Bewegungen entsprossen sind. Nur auf dieser Basis kann das Gespräch, der geistige Austausch und die Zusammenarbeit zwischen den verschiedenen Religionen der Welt Frucht bringen, ohne zu einer Nivellierung religiöser Werte oder zu einer Aufhebung oder Schwächung der Verschiedenartigkeiten und charakteristischen Ausdrucksformen zu führen. Im Gegenteil: auf der sicheren Basis des gemeinsamen Grundes kann eine klare und ehrliche Anerkennung der Verschiedenartigkeiten keine Gefahr bedeuten, sondern eine Bereicherung des kulturellen Lebens.

Religion und Humanität

21. *Welches Verhältnis besteht zwischen dem Bekenntnis zu einem bestimmten Glauben und dem ethischen Verhalten desjenigen, der diesem Glauben anhängt? Kann man nur dann wahrhaft human sein, wenn man einer bestimmten Religion angehört, oder ist Humanität eine von den Glaubensvorstellungen unabhängige Möglichkeit und Fähigkeit des Menschen?*

Das ethische Verhalten des religiösen Menschen wird durch seinen Glauben, bzw. seine innere Überzeugung bestimmt. Humanität aber ist eine von den Glaubensvorstellungen unabhängige Möglichkeit und Fähigkeit des Menschen. Diese Fähigkeit kann jedoch unter dem Einfluss einer Religion, die an den Wert des Menschentums und an die Würde und Gewissensfreiheit des Individuums glaubt, wesentlich verstärkt und vertieft werden. Der humanisierende Einfluss des Buddhismus zeigt sich besonders deutlich in der Geschichte Tibets, das im Laufe weniger Jahrhunderte von einer der kriegerischsten und gefürchtetsten Nationen Asiens zu einer der friedlichsten und religiösesten Volksgemeinschaften wurde. Trotz tiefster religiöser

Überzeugungen und einer wohlorganisierten geistlichen Hierarchie (zu der auch der einfachste Bauer Zutritt hatte) bestand vollkommene Toleranz zwischen den verschiedenartigsten Glaubensformen und Sekten. Die Freiheit der individuellen Überzeugung wurde nie in Frage gestellt. Selbst christliche Missionare wurden gastfreundlich aufgenommen und nicht nur toleriert, sondern zur Darlegung ihrer religiösen Lehren aufgefordert. Daß diese, trotz des ihnen entgegengebrachten Interesses, keine nachhaltige Wirkung ausübten, lag nicht daran, daß sie zu fremd waren, sondern daß sie in vieler Hinsicht den tibetischen Lehren zu ähnlich waren und darum keine Bereicherung des tibetischen Geisteslebens darstellen konnten. Ein weiterer Hinderungsgrund aber war der Ausschließlichkeitsanspruch des Christentums, der die Freiheit der individuellen Überzeugung gefährdete.

Religionen, die der Individualität des Menschen ihre volle Berechtigung zugestehen, werden automatisch zu Förderern der Humanität. Solche aber, die den Anspruch erheben, im alleinigen Besitze der Wahrheit zu sein, oder die den Wert des Individuums und individueller Überzeugungen geringschätzen, können zu Feinden der Humanität werden, und dies umso mehr, wenn Religion zu einer politischen oder gesellschaftlichen Machtfrage wird.

22. *Soll man die Bekenner eines Glaubens von den Andersgläubigen möglichst absondern, um sie ganz im Sinne* ihres *Glaubens zu formen, oder gibt es Aufgaben und Lebensbereiche, in denen alle Menschen unabhängig von ihren verschiedenen Glaubensüberzeugungen miteinander leben und miteinander wirken sollen? Ist das Zusammenleben mit* Andersgläubigen *ein notwendiges Übel für den wahrhaft Gläubigen, oder* ist es *humane Aufgabe diesseits aller Glaubensdifferenzen?*

Je mehr die Bekenner eines Glaubens sich von Andersgläubigen absondern, desto größer wird die Gefahr der Einseitigkeit und der Intoleranz. Das Zusammenleben mit Andersgläubigen ist der Prüfstein für den Wert eines Glaubens. Es zwingt jeden Einzelnen zur persönlichen Stellungnahme zu den Problemen der eigenen und der anderen Religionen, zum Nachdenken und Bewusstwerden der Beweggründe und Hintergründe des eigenen Glaubens. Sowohl die Ähnlichkeiten wie die Verschiedenheiten der Religionen können zur Inspiration werden. Jede Religion hat in einer besonderen Weise Zugang zum religiösen Tiefenerlebnis gefunden und praktische Wege der Verwirklichung entwickelt, die von allen anderen Glaubensformen nutzbar gemacht werden können, ohne deren Eigenart zu verletzen.

Die tätige Nächstenliebe und Hilfsbereitschaft des Christentums, die Einbeziehung des Körpers in das Gebet und des Gebetes in das tägliche Leben im Islam, die Meditationsschulung des frühen Buddhismus, die Vielfältigkeit der Gottesanschauung innerhalb eines allumfassenden Einheitsgefühls im Hinduismus, der Weg zur inneren Einheit im Yoga und zur Spontaneität im Zen, die Naturverbundenheit im Taoismus und die tiefe Menschlichkeit des Konfuzianismus, der Parallelismus weltlichen und überweltlichen Geschehens im Tantrismus, die tiefe Gottesfurcht und Selbstverantwortlichkeit des Judentums, der Universalismus des Mahāyāna und die Einbeziehung aller Wesen in den Vorgang der Erlösung: alles dies sind Züge nichtdogmatischer Art, die sich auf jede religiöse Praxis anwenden lassen und von der jede Religion profitieren kann, so wie jeder Baum, trotz der Verschiedenheit seiner Form und der Art seiner Früchte, von Wasser, Luft und Licht profitiert.

23. *Gibt es ethische Werke, die für alle heute lebenden Völker und Individuen oder zumindest für alle Völker und Individuen der zivilisierten Welt allgemein verbindlich sind? Haben beispielsweise die in der UN-Charta und in den Verfassungen der westlichen Länder postulierten Grundrechte den Charakter solcher allgemein verbindlicher Normen?*

Was können die Religionen tun, um diese gemeinsamen Werte zu fördern und zu pflegen?

Diese Frage wurde vom Autor zusammen mit Frage 24 beantwortet.

24. *Besteht die Gefahr, daß die Vereinheitlichung der Lebenswerte und Lebensvorstellungen früher oder später auch zu einer Vereinheitlichung der Glaubensvorstellung führt?*

Es ist nicht die Verschiedenheit der Religionen, die ihrer Harmonie oder ihrem gegenseitigen Verständnis entgegensteht, sondern das krampfhafte Bestreben, sie zu einer Einheit verschmelzen zu wollen, sie einander anzugleichen, sie auf den gleichen intellektuellen Nenner zu bringen oder dem gleichen Dogma unterzuordnen. Aber so wie der Wert verschiedener Früchte eben in ihrer unterschiedlichen Eigenart besteht und wie dieser Wert durch ihre ununterschiedliche Vermischung nicht erhöht, sondern vernichtet wird, so wird eine noch so gut gemeinte Vermischung religiöser Ausdrucksmittel und Symbolformen nicht zu einer höheren Religion, sondern nur zur Vernichtung aller lebendigen religiösen Werte führen.

Das Gemeinsame, das allen Religionen zugrunde liegt, ist nicht eine abstrakte Grundwahrheit (d. h. eine gedankliche Formulierung oder ein abstraktes Prinzip), sondern das Erlebnis einer überindividuellen

Wirklichkeit. Diese Wirklichkeit selbst, wenn sie als ganze erfassbar wäre, muss jederzeit den entwicklungsbedingten geistigen Standpunkt und das Temperament des erlebenden Individuums mitenthalten, und der Inhalt dieses Erlebens kann nur in den jeweils verständlichen lebendigen Ausdrucksformen einer bestimmten Zeit und Kultur dargestellt werden.

Die Einzigkeit und Einmaligkeit jeder solchen Darstellung bedeutet jedoch nicht eine Verminderung an Wirklichkeitsgehalt, sondern eher eine Erhöhung, d. h. Intensivierung, gleich der schöpferischen Gestaltung eines Kunstwerks, das zwar die Natur eines «Gegenstandes», wie z. B. einer Landschaft, nicht erschöpft und dennoch mehr gibt als eine bloße Nachbildung derselben. Tausend befähigte Künstler würden dieselbe Landschaft in tausend verschiedenen Weisen wiedergeben, und gerade in der Verschiedenheit der Ausdrucksformen würde der Wert dieser Werke bestehen, unbeschadet dessen, daß jedes von ihnen eine kompetente Wiedergabe des tatsächlich Gesehenen und Erlebten darstellen würde.

Die von einem Buddha, Laotse, Christus oder Mohammed erlebte innere Welt ist nicht nur ein Abglanz der Wirklichkeit, sondern eine im Brennpunkt gewaltigen Erlebens *gesteigerte* Wirklichkeit, deren unwiderstehliche Überzeugungskraft die Zeitgenossen mit sich riss und auf Jahrtausende hinaus in immer weiteren Kreisen weiterwirkte. Die niedergelegten oder mündlich weitergegebenen Zeugnisse der Zeitgenossen dieser Großen und ihrer Nachfolger sind nur ein schwacher Abglanz von der Leuchtkraft des Geistes, der sie bewegte. Aber nur, wenn es uns gelingt, uns selbst in den Zustand des Erlebens zu versetzen, treten wir von Angesicht zu Angesicht den Großen des Geistes gegenüber und kommen zu dem, was alle Religionen eint, ohne sie zu verschmelzen oder ihre Konturen zu verwischen: es ist jenes alles umfassende Tiefenerlebnis, zu dem jeder Glaube einen Weg darstellt und für das jede Religion vielerlei Hilfsmittel darbietet, deren sich jeder bedienen kann, wie z. B. Gebet, Kontemplation, Meditation, Schauung, Einswerdung, Ethik, Hilfsbereitschaft, Erbarmen, Nächstenliebe, Mitgefühl mit allem Lebenden, Selbstverleugnung, Wahrhaftigkeit, Gewissenserforschung, Erkenntniswillen, Einsicht, Gleichmut, Geduld etc.

Neben den Imponderabilien der anschaulichen und sprachlichen Symbole, die jedem religiösen System, jeder organisch gewachsenen Glaubensform eigentümlich sind und sich nicht willkürlich verpflanzen oder ins Begriffliche und Logische übersetzen lassen, gibt es also ein weites Gebiet praktischer Zusammenarbeit und geistiger Verständigung, das alle Religionen zu Gliedern einer großen menschlichen Familie macht. Nur auf der Basis gegenseitiger Achtung und Anerkennung des persönlichen Charakters jedes einzelnen Mitgliedes kann eine solche Menschheitsfamilie bestehen. Demjenigen aber, das als inkommensurabler Kern jeder Religion bestehen bleibt oder sich unserem Verständnis entzieht, können wir nur mit Ehrfurcht begegnen.

Die ethischen Werte, wie die oben genannten, die von allen Weltreligionen anerkannt und als Mittel ihrer Verwirklichung die Hauptrolle spielen, sind die Grundlage, auf der die Menschenrechte, wie sie die UN-Charta und die Verfassungen aller zivilisierten Staaten proklamieren, beruhen. Die Aufgabe der Religionen ist es, diese Werte lebendig zu erhalten, so daß sie nicht nur um staatlicher oder internationaler Gesetze willen befolgt werden, sondern aus dem selbstverständlichen Lebensgefühl des Einzelnen, aus der eingeborenen Achtung vor der

Würde und der Gewissensfreiheit des Menschen, welcher Klasse, Rasse oder Religion er auch angehören mag. Kein äußerer Zwang, keine staatliche oder politische Gleichschaltung kann ethische Werte hervorbringen. Sie müssen aus dem tiefsten Inneren des Menschen fließen, zwanglos, wie aus einer natürlichen Quelle, die ihren Reichtum und «Überfluß» in die Welt ergießt und in diesem Fluss des Sichselbstgebens ihre Freiheit und ihre Befreiung findet. Nur eine solche Freiheit kann uns vor der Willkür selbstischer Ziele bewahren und zur Freiheit aller werden.

Religion und Gesellschaft

25. *Hat der Staat die Aufgabe, die Gewissens- und Glaubensfreiheiten des Einzelnen zu garantieren, oder soll er das Aufsichts- und Erziehungsrecht in religiösen Fragen an die bestehenden Religionsgemeinschaften delegieren?*

Diese Frage wurde vom Autor zusammen mit den Fragen 26, 27 und 28 beantwortet.

26. *Muss der säkulare Staat sich von jeder Beziehung zum religiösen Leben fernhalten? Soll er nur das religiöse Leben ganz allgemein oder aber die bestehenden Religionsgemeinschaften fördern?*

Diese Frage wurde vom Autor zusammen mit den Fragen 25, 27 und 28 beantwortet.

27. *Wenn der Staat* sich mit *keiner einzelnen Glaubensgruppe identifiziert, er* es *dennoch für wünschenswert hält, daß die Bürger eine positive Einstellung*

zum religiösen Leben haben: in *welcher Form und* in *welchem Umfang soll dann* in *den Schulen die Kenntnis jener Religionen, Weltanschauungen und Philosophien vermittelt werden, die von den überlieferten und herrschenden abweichen? Gibt es, um dies zu erreichen, eine andere Möglichkeit als die Einführung eines obligatorischen religionskundlichen und philosophischen Unterrichts?*

Diese Frage wurde vom Autor zusammen mit den Fragen 25, 26 und 28 beantwortet.

28. *Wie lässt sich in einem säkularisierten Staat, der drauf verzichtet hat, sich mit einer Kirche oder einer bestehenden Glaubensgruppe zu identifizieren, die Tatsache rechtfertigen, daß einzelne Glaubensgemeinschaften den Anspruch erheben, die Glaubensunterweisung in den öffentlichen Schulen stattfinden zu lassen?*

Der Staat hat die Aufgabe, die Gewissens-und Glaubensfreiheit des Einzelnen zu garantieren. Er muss religiösen Gemeinschaften das Recht zugestehen, über Erziehungsfragen ihrer Glaubensangehörigen zu entscheiden, solange die Rechte anderer Gemeinschaften dadurch nicht beeinträchtigt und die Grundgesetze des Staates nicht verletzt werden. Mit diesen Grundgesetzen sind die Regeln gesitteten Verhaltens gemeint; die zur Aufrechterhaltung und Durchsetzung des bürgerlichen Friedens und der allgemeinen Menschenrechte dienen.

Keine religiöse Gemeinschaft hat das Recht, andere Glaubensformen zu verunglimpfen oder in den Augen der Jugend herabzusetzen. Geringschätzung und Vorurteile gegenüber Andersgläubigen dürfen in keinem Erziehungsplan geduldet werden. Der Staat kann daher nicht das Aufsichts- und Erziehungsrecht *vorbehaltlos* an die bestehenden Religionsgemeinschaften delegieren, sondern muss das Recht haben, gegen Missbräuche der religiösen Freiheit einzuschreiten und Einblick in die Erziehungsmethoden und Lehrbücher der betreffenden Gemeinschaften zu nehmen. Aus diesem Grunde kann auch der säkularisierte Staat sich nicht von jeder Beziehung zum religiösen Leben fernhalten. Im Gegenteil, ein solcher Staat sollte allen religiösen Bewegungen gegenüber das gleiche Wohlwollen und Interesse zeigen wie gegenüber allen sonstigen kulturellen Bestrebungen und Betätigungen. Säkularisierung sollte nicht Gleichgültigkeit gegen das Religiöse bedeuten, sondern Unparteilichkeit gegenüber den einzelnen Formen der Religion.

Alle wesentlichen religiösen Festtage der in einem Lande bestehenden Konfessionen (sofern es sich nicht um verschwindend kleine Minderheiten handelt) sollten staatlich anerkannt und als eine Gelegenheit betrachtet werden, Bürger verschiedener Glaubensbekenntnisse zu gegenseitiger Anteilnahme an ihren religiösen Feiern anzuregen. Die Förderung des religiösen Lebens durch den Staat kann in vielfältiger Weise geschehen: durch Subventionierung armer Gemeinden oder konfessioneller Minoritäten, durch Beihilfe zum Bau von Kultstätten oder Gemeinschaftszentren, durch Ermutigung öffentlicher Veranstaltungen und kultureller Betätigung in Rundfunk, Fernsehen, Film und Universitäten, durch Ausstellungen religiöser Kunst, Pflege religiöser Musik, durch sakrale Festspiele, durch öffentliche Vorträge in. Universitäten und dergleichen.

Abgesehen von konfessionellem Religionsunterricht, der je nach Bedürfnis an staatlichen Schulen erlaubt und gefördert werden sollte, *ohne jedoch für die Heranwachsenden, Selbständig-Denkenden obligatorisch zu sein,* wäre es wünschenswert, daß im Rahmen des Geschichtsunterrichtes eine gründliche Kenntnis der Weltreligionen, die auf die Entwicklung der Menschheit einen wesentlichen Einfluss ausgeübt haben, vermittelt würde.

Um Vorurteile oder Einseitigkeiten der Lehrenden oder derer, die den Lehrplan oder die Textbücher zusammenstellen, zu verhüten, sollten die Lehrbücher Originaltexte der heiligen Schriften (in Übersetzungen in die Landessprache) aller in Frage kommenden Religionen enthalten und ebenso Lebensbeschreibungen ihrer Gründer und ihrer Hauptvertreter. Die Texte sollten von führenden Exponenten dieser Religionsgemeinschaften zusammengestellt oder zumindest begutachtet werden und dem Verständnis der verschiedenen Altersklassen angepasst sein. Themen ethischen Inhaltes, in denen alle Religionen wesentlich übereinstimmen und die geeignet sind, das gegenseitige Verständnis verschiedener Religionen und Kulturen zu fördern, sollten die Grundlage bilden und durch den reichen Schatz an Parabeln, über die jede Religion verfügt, lebendig gemacht werden.

Erst in den höheren Klassen sollten weltanschauliche und philosophische Probleme und ihre verschiedenartigen Lösungsmöglichkeiten erörtert werden, unter Hinweis auf die verschiedenartigen menschlichen Temperamente und die kulturellen, klimatischen und geschichtlichen Vorbedingungen. Je weiter der Rahmen dieser Betrachtungen gespannt ist, desto leichter wird es sein, die allgemeinmenschlichen Werte aus dem zeitlich und örtlich Bedingten herauszuschälen und auch die Unterschiede der Auffassungen als eine notwendige und berechtigte Ausformung des menschlichen Geistes im Streben nach der höheren Wirklichkeit oder dem Göttlichen zu betrachten.

Ein allgemeinreligionskundlicher Unterricht sollte darum nicht nur obligatorisch sein, sondern die Grundlage des kulturhistorischen

Unterrichtes bilden, der an die Stelle jenes einseitigen Geschichtsunterrichtes, der sich vorwiegend mit Kriegen, dynastischen Kämpfen und politischen Machtfragen beschäftigt, treten soll. An die Stelle eines durch einseitige Geschichtsauffassung gezüchteten Nationalstolzes sollte Heimatliebe als Ausgangspunkt für das Verstehen und Achten aller anderen Völker treten.

29. *In welchem Verhältnis stehen einerseits Theologie und andererseits Religionswissenschaft zur Idee der Universität? Gehört nur die an keinen bestimmten Glaubensauftrag gebundene religionswissenschaftliche Lehre und Forschung an die Universität, oder hat dort auch die Unterrichtung und Ausbildung von Bekennern eines bestimmten Glaubens ihren legitimen Platz?*

Die Universitäten der christlichen wie der buddhistischen Welt (als Beispiele für letztere: *Nālandā* und *Vikramaśīla* im mittelalterlichen Indien, *Sera, Drepung* und *Ganden* in Tibet) gingen aus dem Studium der jeweiligen religiösen Lehren und der aus ihnen entstandenen Tradition und Literatur philosophischer, psychologischer, historischer, medizinischer und schöngeistiger Werke hervor. Langsam entwickelten sich aus diesen zunächst dogmatisch gebundenen Disziplinen, infolge der Auseinandersetzung mit anderen Glaubensformen, dem sich ständig erweiternden geistigen Horizont, den praktischen Erfahrungen und wechselnden Lebensbedingungen jeder Zeitepoche, die vom Dogma unabhängigen Wissenschaften.

Aus der zunächst magisch orientierten Medizin entstand eine sich ständig vertiefende Kenntnis des menschlichen Körpers und der organischen Zusammenhänge zwischen Menschen-, Tier- und Pflanzenwelt und der «unbelebten» Materie. In ähnlicher Weise entwickelte sich aus einer magisch begründeten und von psychokosmischen Symbolen erfüllten Alchimie eine auf Experiment und Beobachtung begründete Chemie, und aus einer auf dem Parallelismus kosmischer und psychischer Vorgänge beruhenden Astrologie erwuchs eine mathematisch berechenbare und zu höheren mathematischen und physikalischen Forschungen anregende Astronomie. Es zeigt sich also eine Tendenz, die von der magisch-intuitiven Sphäre des Religiösen (d. h. Urgrund-verbundenen) zur objektiven naturwissenschaftlichen Forschung führt, eine gesetzmäßige Bewegung vom Inneren zum Äußeren, vom subjektiven Erleben zur objektiven Konsolidierung in dem nach außen projizierten (oder in der Außenwelt bestätigten) Weltbild. In jedem Falle ist es wichtig zu erkennen, daß im inneren Erleben vorweggenommen wird, was sich später im Äußeren und im wissenschaftlichen Denken bestätigt. Darum ist es wichtig, uns des genetischen Zusammenhanges bewusst zu bleiben, der zwischen den magisch-religiösen Ursprüngen und den intellektuell-wissenschaftlichen Erkenntnissen einer Kultur besteht, denn nur wenn es uns gelingt, den Zugang zu diesen sich gegenseitig ergänzenden – nicht aber vermischbaren – Seiten unseres Bewusstseins oder unseres Wesens offenzuhalten, können wir den ganzen Schwingungsbereich des menschlichen Geistes und somit unserer Kultur ermessen.

Die Aufgabe einer Universität ist, nicht nur der Gegenwart zu dienen, sondern das Bindeglied zwischen Vergangenheit und Zukunft zu sein, den Schwingungsbereich einer ganzen Kultur zu umfassen und uns den Zugang zu allen Phasen menschlichen Denkens, innerer und äußerer Forschung und Erfahrung zu ermöglichen. Theologie als Ausdruck einer noch lebenden Tradition – und nicht nur als ein Objekt religionswissenschaftlicher oder historischer Forschung vom nichtkonfessionellen Standpunkt – sollte darum nach wie vor eine Stätte an den Universitäten finden, insbesondere in jenen Ländern, in denen ein Bedürfnis für ein solches Studium vorhanden ist oder ein waches Interesse für geistige Fragen besteht.

Dies würde nicht nur einzelnen Studierenden zugute kommen, sondern mehr noch der betreffenden religiösen Tradition, die hierdurch veranlasst würde, sich dauernd mit den Problemen der Gegenwart auseinanderzusetzen und ihre besten Lehrkräfte in den Dienst der Universität zu stellen, um mit den höchsten Ansprüchen des bestehenden Kulturlebens Schritt zu halten. Dies besteht nicht in einer Verwissenschaftlichung der Religion noch in einer religiösen Interpretation der Wissenschaft, sondern in einer immer klareren Herausarbeitung der essentiellen Ideen und des religiösen Erlebens, und vor allem des Weges und der Mittel, die zur Verwirklichung der religiösen Ideale führen.

30. *Wie weit soll ein Staat, der die Informations-und Bekenntnisfreiheit des Einzelnen garantiert, pädagogische und soziale Aufgaben religiös gebundenen Organisationen und Institutionen überlassen? Ist die freie Entfaltung und Entscheidung des Einzelnen möglich, wenn der Staat nicht in zureichendem Maße für Bildungs-und Sozialeinrichtungen sorgt, auf die einzelne Glaubensgemeinschaften keinen Einfluss haben? Kann der demokratische Staat ohne ein weitverzweigtes und gut ausgebautes Netz von Bildungs- und Sozialeinrichtungen, in denen Staatsbürger aller Glaubensbekenntnisse zusammen leben, seiner Verpflichtung nachkommen, für den Schutz und die Förderung allgemein verbindlicher bürgerlicher und humaner Werte zu sorgen?*

Religiöse Institutionen sollten, wie bereits erwähnt, das Recht haben, die Erziehung ihrer eigenen Glaubensgenossen zu übernehmen, sofern sie sich neben dem religiösen Unterricht und der ihrer Religion angepassten Disziplin dem Erziehungsplan unterordnen, der von der Majorität der Einwohner eines Landes für notwendig erachtet wird, um ein gemeinsames grundlegendes Bildungsniveau aller Bürger sicherzustellen.

Die Angehörigen verschiedener Religionen andererseits sollten sich jederzeit bewusst sein, daß sie Bürger desselben Landes und Erben der gleichen Kultur und Vergangenheit sind und daß die Bewährung ihres Glaubens von ihrer Fähigkeit, sich in den Rahmen der sie umgebenden Lebensbedingungen einzufügen, abhängt. Dies bedeutet nicht eine Anpassung im Sinne der Verflachung oder Nivellierung, sondern ein Setzen der eigenen höchsten Anforderungen in einer Weise, daß sie allen Mitbürgern als Beispiel und Ansporn dienen können.

Die freie Entfaltung und Entscheidung des Einzelnen wird dadurch garantiert, daß eine gemeinsame kulturelle Basis und eine ihr angemessene Kenntnis der im gleichen Lande bestehenden Konfessionen im Rahmen menschheitsgeschichtlicher Religionskunde geschaffen wird. Der demokratische Staat kann also, ohne seiner Rechte verlustig zu gehen, die religiösen Institutionen in ein allgemeines System von Bildungs-und Sozialeinrichtungen einbauen, ohne die Gewissens- und Glaubensfreiheit der Bürger zu beschneiden. Die Förderung allgemein verbindlicher bürgerlicher und humaner Werte liegt ebenso im Interesse der Religion wie des demokratischen Staates.

31. *Ergeben sich aus den Glaubensvorstellungen einer bestimmten Religion bestimmte Einstellungen zu politischen, sozialen und wirtschaftlichen Problemen, etwa zum Kapitalismus, Sozialismus oder Liberalismus, zur Demokratie, zur Frage atomarer Rüstung usw.?*

Der Einfluss der Religion auf die politische Einstellung ist unleugbar und unvermeidlich, denn Religion wie Politik befassen sich mit den unmittelbaren Problemen des Lebens. Das bedeutet jedoch nicht, daß alle Angehörigen derselben Religion sich zu ein und derselben politischen Richtung bekennen. Begriffe wie Demokratie, Liberalismus, Sozialismus etc. sind derartig dehnbar und verschwommen, daß es unmöglich ist, zu einer klaren Unterscheidung oder zu einer eindeutigen Definition zu kommen. Sie sind politische Schlagworte, die der jeweiligen Mode unterliegen und in jedem Lande etwas anderes bedeuten.

Im Augenblick steht das Wort «Demokratie» in hohem Kurs, und jedes Land brüstet sich mit seiner demokratischen Verfassung. Selbst Länder, in denen die Freiheit und die Rechte der Menschen missachtet werden, preisen sich als «demokratische» Republiken an; und auf der anderen Seite gibt es Länder, die zwar eine wirklich demokratische,

d. h. auf freier Wahl begründete Verfassung haben, in denen jedoch das allgemeine Bildungsniveau so niedrig ist, daß die Mehrzahl der Einwohner von ihrer Freiheit keinen sinnvollen Gebrauch machen kann. (Dies ist der Grund, warum so viele der neugeschaffenen Demokratien in Asien, Afrika und Lateinamerika versagt und sich in Diktaturen verwandelt haben.)

Um eine Demokratie möglich zu machen, müsste also zunächst ein gemeinsames Mindest-Bildungsniveau geschaffen werden. Nur in einem Lande, in dem das Verantwortungsgefühl des einzelnen hoch entwickelt ist und in dem jeder auf Grund allgemeiner Schulung Zugang zu den Quellen der Information hat, kann eine Abstimmung sinnvoll sein und wirklich dem Willen einer Majorität Ausdruck verleihen.

In Ländern, in denen solche Bedingungen nicht vorliegen, wird Demokratie zur Farce, und die Massen werden zum Spielball gewissenloser oder fanatischer Demagogen: es ist dann der Sieg der Quantität über die Qualität, der Sieg der Masse (der «Materie») über den Geist. Man würde nie darauf verfallen, die Gültigkeit einer wissenschaftlichen These durch Abstimmung zu entscheiden; in der Politik aber genügt es, Köpfe zu zählen, gleichgültig, ob sie Wissenden oder Unwissenden gehören, um das Schicksal eines Volkes zu entscheiden! Dies soll selbstverständlich kein Argument gegen das Ideal der Demokratie sein, sondern nur gegen ihre Anwendung in Ländern, in denen die Vorbedingungen für die Ausübung politischer Rechte fehlen oder in so unvollständigem Maße vorhanden sind, daß demokratische Prinzipien allen Sinn verlieren.

Das gleiche gilt für den Begriff «Sozialismus». Für das Wohl aller zu sorgen ist ein herrliches Ideal, dem man nur zustimmen kann, und die meisten Menschen lassen es dabei bewenden, ohne sich darüber klar zu sein, wie weit sich dieses Ideal ohne Zwang, ohne Vergewaltigung individueller Freiheit verwirklichen lässt, d. h. wo die Grenzen staatlicher Einmischung oder sozialer Institutionen zu ziehen sind. Dies wiederum muss von Land zu Land verschieden sein, entsprechend der Bevölkerungsdichte (deren Zunahme notwendigermaßen die Freiheit des einzelnen einschränkt), der herrschenden Gesellschaftsordnung, des kulturellen Niveaus, des traditionellen Hintergrundes, der klimatischen Bedingungen und unzähliger anderer Faktoren.

Anhänger der gleichen Religion werden daher, je nach den Bedingungen des Landes, in dem sie leben, gänzlich verschiedene politische Anschauungen haben, und selbst im gleichen Lande werden ihre politischen Überzeugungen je nach ihrem eigenen religiösen Gefühl und Verständnis variieren. Jeder religiöse Mensch wünscht den Frieden; darin sind sich gewiss alle einig – nicht aber in der Wahl der Mittel zur Herstellung oder Erhaltung des Friedens. Das Prinzip der Gewaltlosigkeit ist gut, solange man zivilisierten Menschen oder Völkern gegenübersteht, das heißt Menschen, in denen die Stimme des Gewissens wach ist.

Gandhis Gewaltlosigkeit (*ahiṃsā*) konnte daher den Engländern gegenüber wirksam sein – nicht aber einem Naziregime gegenüber. Gewaltlosigkeit ist ein persönliches Prinzip religiöser Überzeugung, das sich nur im lebendigen Kontakt von Mensch zu Mensch verwirklichen. lässt, nicht aber in der depersonalisierten Zone einer von vielfältigen und unberechenbaren Faktoren beherrschten Weltpolitik.

Der einzelne Mensch, der nur sich selbst verantwortlich ist, kann, selbst unter Aufopferung des eigenen Lebens, den Weg der Gewaltlosigkeit bis zum Ende gehen – wie es Gandhi tat, nachdem er sich aller politischen Macht und Organisation entledigt hatte –, und es spielt für ihn auch keine Rolle mehr, ob er damit die Welt (oder auch nur den augenblicklichen Gegner) zu seiner Anschauung bekehrt oder nicht. Sein Handeln fließt aus einer inneren Notwendigkeit, einer Überzeugung, die mit seinem Sein identisch ist.

Ein Mensch, der für die Sicherheit seiner Familie verantwortlich ist, hat bereits nicht mehr diese Freiheit. Er kann nicht tatenlos zuschauen, wie ein Einbrecher seine Frau vergewaltigt oder seinen Kindern die Kehle durchschlitzt – und noch weniger kann ein Staatsoberhaupt die Sicherheit seines Landes aufs Spiel setzen und es jeglicher Verteidigungsmittel entblößen, weil er von der Richtigkeit der Gewaltlosigkeit überzeugt ist.

Atomare Rüstung oder Abrüstung ist nicht die Frage eines einzelnen Landes oder eines einzelnen Individuums, sondern eine Frage, die nur von der Gesamtheit der Völker entschieden werden kann. Es wäre etwas anderes, wenn wir vor der Frage stünden, ob die Welt sich zur Schaffung atomarer Waffen entschließen sollte oder nicht. Es würde wohl kaum einen Menschen geben, der eine solche Schaffung guthieße. Da aber atomare Waffen unglückseligerweise bereits in großer Menge existieren, kann die einseitige Abrüstung eines Landes keine Lösung des Problems sein. Die Pflicht des einzelnen Landes wie des einzelnen Menschen kann nur darin bestehen, die Kräfte des Friedens, der Verständigung und der Menschlichkeit zu fördern und zu pflegen.

Als Kungfutse gefragt wurde: «Was ist Menschlichkeit?», antwortete der Meister: «Menschenliebe»; auf die Frage: «Was ist Wissen?», antwortete er: «Den Menschen zu erkennen.» – Die Erkenntnis des Menschen aber beruht auf der Selbsterkenntnis, dem Weg nach innen, dem Weg aller Religionen.

Das lebendige Beispiel des religiösen Menschen aber ist das machtvollste Mittel, auf die Mitwelt einzuwirken, wie Buddha, Christus, Gandhi und viele andere, die in ihrem Leben die Botschaft des Friedens und der Nächstenliebe verwirklichten, bewiesen haben.

Danksagung

Autor und Herausgeber danken Institutionen und Persönlichkeiten, die Material zur Forschung bereitstellten und Abdruckrechte gewährten. Hier sind besonders zu nennen:

- das Deutsche Literatur Archiv (Marbach), in dem sich die Korrespondenzen Luise Rinsers finden
- das Archiv am Anagarika Govinda Institut für buddhistische Studien in Grimmenstein (Österreich), wo der Nachlass Lama Govindas verwahrt wird
- das Archiv des Ordens Ārya Maitreya Maṇḍala, das die Korrespondenzen im Vorfeld der Festschrift zu Govindas 75. Geburtstag dokumentierte
- die S. Fischer Verlag GmbH, Frankfurt am Main, die den Abdruck des Textes „Besuch aus Tibet" aus Luise Rinsers Tagebuch *Kriegsspielzeug* gestattete
- Herr Christoph Rinser, der erlaubte, Briefe und Texte seiner Mutter in den vorliegenden Band aufzunehmen
- die Lama und Li Gotami Govinda Stiftung (München), die sämtliche Rechte an den veröffentlichten und unveröffentlichten Texten Anagarika Govindas hält

Leider musste darauf verzichtet werden, Zitate aus vom Autor im Deutschen Literatur Archiv eingesehenen Briefen Karl Rahners SJ anzuführen, der wie Govinda an dem Buch *Die Antwort der Religionen* mitarbeitete. Die deutsche Provinz des Jesuitenordens als Inhaber der Rechte an Rahners Nachlass, teilte dem Herausgeber lapidar mit, er gewähre „grundsätzlich keine Abdruckerlaubnis" für Zitate Rahners aus Briefen an Luise Rinser und stellte für den Fall einer Veröffentlichung in Aussicht, „Schritte einzuleiten." Es ist bedauerlich, dass ein in seiner Geschichte durch wissenschaftliche Leistungen exponierter Orden das Veröffentlichen von Forschungen zu einem seiner historisch bedeutenden Mitglieder unterbindet. Dies scheint auch im Hinblick darauf unverständlich, dass das besondere Verhältnis Pater Karl Rahners SJ zu Luise Rinser spätestens seit deren Briefband *Gratwanderung* (1994) allgemein bekannt ist und die gewünschten erhellenden Zitate zum Thema des vorliegenden Buchs nichts für Karl Rahners Andenken Diskreditierendes enthalten hätten.

高文大

Anagarika Govinda
Institute of Buddhist Studies

Anagarika Govinda Institut für buddhistische Studien

Das Institut dient der wissenschaftlichen Erforschung und dem Studium der philosophischen, religiösen und kulturellen Aspekte des Buddhismus, wobei Traditionen Asiens und die Buddhismus-Rezeption im Abendland berücksichtigt werden. Zudem widmet sich das Institut der Untersuchung und Dokumentation des Lebens und Gesamtwerks von Lama Anagarika Govinda (1898-1985), dessen Wirken die Gründung des Instituts inspirierte und dessen umfangreicher Nachlass in Räumen des Instituts archiviert ist. Das Institut arbeitet eng mit der Lama und Li Gotami Govinda Stiftung (München) zusammen.

Im Logo des Instituts finden sich die chinesischen Schriftzeichen 高文大 (Gao-Wen-Da). So gab Taixu (1890-1947), ein bedeutender buddhistischer Meister der chinesischen Moderne, Anagarika Govindas Namen wieder.

Informationen über Forschungs- und Studienprogramme des Instituts:
lama-govinda.de/content/institut.htm

Anagarika Govinda Institut, Hochegger Straße 43, 2840 Grimmenstein, Österreich

Zuwendungen an das Institut sind möglich über die Konten

in Österreich (Anagarika Govinda Institut)
IBAN: AT77 3290 4000 0011 1450

In Deutschland (Lama und Li Gotami Govinda Stiftung)
IBAN: DE69 7418 0009 0739 0889 00

TOTILA ALBERT

Merkwürdige Sachen
hab ich geschrieben,
mir sind sie entflattert,
euch sind sie geblieben.

Lama Anagarika Govinda schätzte den chilenischen Bildhauer Tótila Albert (1892-1967) als einen bedeutenden Mystiker der Neuzeit. Govinda stellte aus dem literarischen Nachlass Alberts Texte zusammen und analysierte diese aus seiner vom Buddhismus geprägten Perspektive. Einen Schwerpunkt bildet dabei Tótila Alberts lyrische Auseinandersetzung mit Franz Schuberts Synfonie in h-Moll.

Erhältlich
im Buchhandel sowie im
Online-Buchhandel

Tótila Albert
MERKWÜRDIGE SACHEN
ausgewählt und eingeleitet von
Lama Anagarika Govinda
Hg. Volker Zotz
Edition Habermann 2019

ISBN: Hardcover 978-3-96025-001-2
Paperback 978-3-96025-000-5
e-Book 978-3-96025-002-9

LAMA ANAGARIKA GOVINDA

Dieses Buch orientiert über das Leben und Wirken Anagarika Govindas. Auch Kennern bietet es Neues. **Birgit Zotz** schildert Govindas Weg vom sächsischen Fabrikantensohn zum indischen Staatsbürger, tibetischen Lama, Bestseller-Autor und Künstler. **Ram C. Tandan** behandelt die Arbeit und Erfolge Govindas als Maler in Indien. Den legendären Reisen Govindas in West-Tibet widmet sich **Peter van Ham**. Weitere Beiträge beleuchten seine Rolle als Brückenbauer zwischen Asien und Europa. Der Band enthält viele Fotos und Gemälde Govindas sowie einen seiner bislang unveröffentlichten Texte.

TIBETS SACHSE.
ERNST HOFFMANN WIRD
LAMA GOVINDA

Hg. Birgit Zotz
Edition Habermann 2016

ISBN: Hardcover 978-3-96025-006-7
Paperback 978-3-96025-007-4
e-Book 978-3-96025-008-1

Edition Habermann | www.lama-govinda.de